अनूप मणि त्रिपाठी

अनूप मणि त्रिपाठी का जन्म 23 जून, 1976 को धानी, महाराजगंज, उत्तर प्रदेश में हुआ। वे लखनऊ विश्वविद्यालय से मध्यकालीन एवं आधुनिक भारतीय इतिहास में परास्नातक हैं।

उनकी प्रकाशित कृतियाँ हैं—'शोरूम में जननायक', 'अस मानुष की जात', 'नया राजा नए किस्से'। उनकी कहानी 'झुलना' पर गोरखपुर दूरदर्शन द्वारा टेली फिल्म का निर्माण एवं प्रसारण हुआ है। 'राजा बहोत चिंतित है' तथा 'बंधक आजादी' आदि व्यंग्य रचनाओं पर नुक्कड़ नाटक खेले गए। 'अमर उजाला' द्वारा हिन्दी दिवस पर आयोजित अखिल भारतीय लघु फिल्म प्रतियोगिता में उनकी स्क्रिप्ट 'हिन्दी माथे की बिन्दी' को प्रथम पुरस्कार प्राप्त है। 'कथा समवेत' पत्रिका द्वारा अखिल भारतीय कहानी प्रतियोगिता में उनकी 'कफन सी आगे की कहानी' को द्वितीय स्थान मिला। 'कथादेश' पत्रिका की अखिल भारतीय लघुकथा प्रतियोगिता में उनकी कथा 'डमी' ने तृतीय स्थान प्राप्त किया। 'तहलका' पत्रिका में 'तहलका फुल्का' नामक व्यंग्य-स्तम्भ ने बड़े पैमाने पर लोगों का ध्यान खींचा। 'जनचुनौती' मासिक पत्रिका में 'दरबार' नाम से व्यंग्य स्तम्भ लेखन जारी।

वे 'अंजुमन नवलेखन पुरस्कार' (2016), 'प्रथम के. पी. सक्सेना युवा सम्मान' (2017), 'सफदर हाशमी शब्द शिल्पी सम्मान' (2021), 'हरिशंकर परसाई स्मृति इप्टा व्यंग्य सम्मान' (2023), 'व्यंग्य यात्रा रवीन्द्रनाथ त्यागी स्मृति सोपान', 'हरिशंकर परसाई सम्मान' (2024) से सम्मानित हैं।

ई-मेल : anoopmtripathi@gmail.com

साँपों की सभा

अनूप मणि त्रिपाठी

लोकभारती पेपरबैक्स

लोकभारती पेपरबैक्स में
पहला संस्करण : 2024

लोकभारती पेपरबैक्स : उत्कृष्ट साहित्य के जनसुलभ संस्करण

लोकभारती प्रकाशन
पहली मंजिल, दरबारी बिल्डिंग, महात्मा गांधी मार्ग
प्रयागराज-211 022
द्वारा प्रकाशित
शाखाएँ : 1-बी, नेताजी सुभाष मार्ग, दरियागंज, नई दिल्ली-110 002
अशोक राजपथ, साइंस कॉलेज के सामने, पटना-800 006
1, अनमोल सोराबजी सन्तुक लेन, धोबी तलाव, मरीन लाइंस, मुम्बई-400 002

वेबसाइट : www.lokbhartiprakashan.com
ई-मेल : info@lokbhartiprakashan.com

बी.के. ऑफसेट
नवीन शाहदरा, दिल्ली-110 032
द्वारा मुद्रित

मूल्य : ₹250

SANPON KI SABHA
Satire by Anoop Mani Tripathi

ISBN : 978-93-48229-28-1

मेरे प्रिय व्यंगयकार, कार्टूनिस्ट
आदरणीय राजेन्द्र धोड़पकर जी को

क्रम

बकरा

मंच पर नेताजी दहाड़ रहे थे, 'भाइयो! मैं एक सच्चा नेता हूँ और आप से सच कहता हूँ...मुझे कुर्सी से ज्यादा देश प्यारा है...'

नेताजी की आवाज बस्ती तक जा रही थी। वहाँ एक बकरा भी यह सब सुन रहा था। जैसे यह पंक्ति उसके कानों से टकराई वह हँसते हुए बोला, 'भाइयो! मैं एक सच्चा बकरा हूँ और आप से सच कहता हूँ...मुझे ईद से ज्यादा बकरीद प्यारी है...'

बीमारी

एक दिन परेशान होकर वह डेंटिस्ट के पास पहुँचा।

'डॉक्टर साहब कुछ ठंडा-गरम खाओ, तो दाँत में लगता है!' उसने अपनी समस्या बताई।

डॉक्टर ने उसे गौर से देखा। फिर वह मास्क लगाकर उसके दाँतों का मुआयना करने लगा।

डॉक्टर को मास्क लगाए देख वह मुस्कुराया। सोचा, 'यहाँ तो हम बिना मुँह ढके ही काम कर देते हैं!'

'चिन्ता की कोई बात नहीं!' डॉक्टर बोला।

'पर हुआ क्या!' उसने पूछा।

'सेंस्टीविटी है बस!' डॉक्टर बोला।

'ये क्या बला है डॉक्टर साहब!' उसने समझने का प्रयास किया।

'अरे कुछ नहीं...आपके दाँत संवेदनशील हो गए हैं!' डॉक्टर ने वैज्ञानिक कारण न बताकर सेंस्टीविटी का हिन्दी तर्जुमा कर दिया।

यह बात सुनकर वह चौंका।

'ये हो ही नहीं सकता!' वह उचकते हुए बोला।

उसकी इस बात पर डॉक्टर चौंका।

'आपके दाँत महसूस करने लगे हैं!' डॉक्टर ने फिर सरलीकरण किया।

'मामला तो संवेदनशील है!' उसने सोचा।

'डॉक्टर साहब! यह अच्छी बात नहीं है!' वह मायूस होकर बोला।

डॉक्टर ने देखा कि उसके माथे पर पसीने की बूँदें चमक रही हैं।

'अरे यह सामान्य बात है! ऐसा होता है! डोंट वरी!' डॉक्टर ने उसे समझाया।

'फिर तो काम करने में दिक्कत होगी!' उसने सोचा।

'यह सामान्य बात कैसे!' वह चिन्तित स्वर में बोला।

उसकी बात सुनकर डॉक्टर परेशान हुआ। क्लिनिक संवेदनशील इलाके में होने के बावजूद भी डॉक्टर कभी इतना परेशान न हुआ, जितना कि आज अकेले इस पेशेंट ने कर दिया।

'डॉक्टर साहब आप ऐसा करें! जो दाँत महसूस करने लगे हैं, उन्हें जड़ से उखाड़ दीजिए!' उसने आदेश सरीखा दिया।

'अरे इसकी जरूरत नहीं है भाई!' डॉक्टर ने समझाने का प्रयास किया।

'दाँत जैसी सख्त चीज को महसूस होने लगा! दिल तो फिर भी नरम होता है, उसे महसूस करने में कितना टाइम लगेगा!' वह खुद से बड़बड़ाया।

डॉक्टर को उसकी बात समझ में नहीं आई।

'जो मैं कह रहा हूँ, आप करिए! दाँत को फौरन निकाल दीजिए!' उसने डॉक्टर को अर्दब में लेने की कोशिश की।

'डॉक्टर मैं हूँ कि आप!' डॉक्टर गुस्से से बोला।

'दंगाई मैं हूँ कि आप!' यह बात बोलते-बोलते वह रुक गया।

मीडिया ये कहानी आपको कभी नहीं बताएगी!

'दवा-दारू साथ में क्यों कहते हैं गुरुजी!' शिष्य ने पूछा।

'यह जानने के लिए तुम्हें एक कहानी सुननी पड़ेगी वत्स।' गुरुजी बोले।

'जी गुरुजी!' शिष्य सहर्ष बोला।

गुरुजी ने फिर कहानी सुनानी शुरू की...

एक समय की बात है...

उत्तम प्रदेश नाम का एक राज्य था। वह 'सोने की चिड़िया' के नाम से नहीं, 'साहित्य की चटिया' नाम से सम्पूर्ण जगत में विख्यात था। वहाँ दूध की तो नहीं, अपितु साहित्य की धारा बहती थी। जमीन अति उर्वरा थी। जहाँ लेखक भारी मात्रा में उगते थे। इस कारण लेखकों के कई गुट बन गए थे। चूँकि जमीन अति उर्वरा थी, तो तमाम गुट बन जाने के बाद भी बहुतेरे लेखक छुट्टा ही छूट जाया करते थे। कवि भरभराकर कविताएँ रचते तो कहानीकार हरहराकर कहानियाँ। इस तरह एक दिन में ही टनों साहित्य का उत्पादन हो जाया करता था। वहाँ के साहित्यकारों के मुख से प्राय: जनता शब्द से अधिक जुगाड़ शब्द सुनने को मिलता और जनता लेखकों को प्राय: तब जानती, जब उन्हें कोई पुरस्कार मिलता।

अतुलनीय साहित्योत्पादन के बावजूद भी वहाँ के लेखक कहते कि रॉयल्टी किस चिड़िया का नाम है। और एक सेकेंड में तीन किताबों का लोकार्पण होने के बावजूद भी प्रकाशक कहता कि आजकल पाठक तो आकाश कुसुम हो गए हैं।

तो ऐसे महान राज्य में अभिजीत और प्रसेनजित नामक दो लेखक रहते थे। चूँकि दोनों प्रतिबद्ध और कटिबद्ध लेखक थे, तो पुरस्कार को लेकर दोनों में कड़ी प्रतिस्पर्धा रहती थी। बहुत दिनों से दोनों एक पुरस्कार पर दृष्टि गड़ाए हुए थे। जिसके अन्तर्गत मिलने वाली धनराशि कुछ खास न थी। परन्तु साहित्योद्धार हेतु उसे हस्तगत करना आवश्यक था। पहले उसे कौन हस्तगत करेगा, साहित्य जगत में इस बात की जबरदस्त चर्चा थी। वरिष्ठ साहित्यकार सट्टा लगाकर बैठ गए। कभी प्रसेनजित के भाव बढ़ते तो कभी अभिजीत के। इस तरह से उन दिनों साहित्य खूब फल-फूल रहा था।

एक दिन अपने विश्वस्त सूत्र से अभिजीत को पता चला कि प्रसेनजित आए-दिन पुरस्कार आयोजक की कुटिया में जाता है। आयोजक का घर बहुत बड़ा और आधुनिक था। परन्तु उसने घर के बाहर नामपट्ट पर 'साहित्य कुटिया' लिखवा छोड़ा था। विश्वस्त सूत्र ने अपने तईं सटीक सूचना दी थी, परन्तु प्रसेनजित दिन को नहीं रात्रि को भेंट करने आता था। यह ब्रेकिंग न्यूज सुनकर उसका हृदय विदीर्ण हो गया। उसे जोर का धक्का लगा। उस धक्के में इतना जोर था कि वह सीधे साहित्य कुटिया में गिरा। उसे देखकर आयोजक मुस्कुराया और आने का कारण जानते हुए भी आने का कारण पूछा। अभिजीत ने भी वही कारण बताया, जो युगों-युगों से अक्षुण्ण चला आ रहा है।

उसने कहा, 'इधर से गुजर रहा था तो सोचा कि आपसे मिलता चलूँ!। यह सुनते ही आयोजक ने उसका झट विश्वास करने का अविश्वसनीय अभिनय किया। बातचीत के दौरान अभिजीत ने जाना कि आयोजक महोदय प्रसेनजित की ही प्रतीक्षा कर रहे हैं। और बातों-बातों में उसे यह भी ज्ञात हुआ कि प्रसेनजित आयोजक के लिए मधुमेह की दवाई लाने वाला है। अभिजीत ने इस मौके को अविलम्ब लपका। और आयोजक का सबसे सगा बनते हुए बोला, 'दवाई के मामले में कतई लापरवाही नहीं करनी चाहिए!' दवाई का नाम पूछकर वह कालिदास का मेघदूत बनकर उड़ गया। और कुछ समय उपरान्त ही आयोजक के हाथ में दवा झम से बरसा दी। अब अभिजीत नियम से तीसरे-चौथे दिन दवाई लेकर प्रकट हो जाता। परन्तु वह दवाई का आधा पत्ता ही लाता। उद्देश्य स्पष्ट था कि आयोजक महोदय

से भेंट करने की अवधि में अल्पविराम हो। उसे अटूट विश्वास था कि यह दवाई का आधा पत्ता ही एक दिन ट्रम्प का पत्ता सिद्ध होगा और प्रसेनजित का पत्ता अवश्य काट देगा।

चूँकि अभिजीत साहित्य के आधुनिक संस्कारों से परिचित हो रहा था, तो वह मात्र दवाई ही नहीं उसके साथ कभी कोई पत्ती, कोई टहनी, चूर्ण लेकर प्रकट हो जाता और उत्साह से कहता, 'इसको ट्राई करें! मेरे दादा ने गाँव से विशेष आपके लिए भेजा है!' वह दवाई के साथ जो भी जड़ी-बूटी या झाड़ी-झंखाड़ लाता, उसको रामबाण कहकर ही उन्हें थमाता। इधर अभिजीत की साधना चलती रही और उधर साहित्य जगत में सट्टे को लेकर जमकर बहस होती रही। अन्ततोगत्वा वह दिन भी आया जिसकी सभी को प्रतीक्षा थी। पुरस्कार की घोषणा हुई। प्रसेनजित ने बाजी मार ली। अभिजीत उदास हो गया। होना ही था। आधुनिक भाषा में यदि कहा जाए तो उसका मूड झंड हो गया। उसे सीने पर कुछ रेंगता हुआ लगा। उसने एक-दो बार सीने को सहलाया, मगर वहाँ उसे कुछ न मिला। अचानक उसे अपनी उँगलियों में हरकत महसूस हुई। खासतौर से अँगूठे में। उसने तत्काल फेसबुक पर एक टिप्पणी जड़ दी।

'मेरे प्रिय मित्र प्रसेनजित को पुरस्कार मिलने की लख-लख बधाई! पुरस्कार से उसकी झोली भरी और खुशियों से मेरा दामन! लव यू दोस्त! यूँ ही खूब तरक्की करो!'

टिप्पणी पोस्ट करने के बाद उसने मन-ही-मन सोचा कि आखिर मेरी तपस्या में कमी कहाँ रह गई! वह अपनी लिखी हुई कहानियों के पात्रों में परकाया प्रवेश कर सकता था, परन्तु आयोजक और प्रसेनजित की काया के अन्दर कैसे इंट्री मारे! तभी उसे अपने विश्वस्त सूत्र का विचार कौंधा। उसने दूरभाष पर उससे सम्पर्क किया। पर्दे के पीछे हुए खेल के विषय में पूछा। परन्तु विश्वस्त सूत्र कोई सूत्र दे न सका। उसने बस सपाटबयानी की, जैसे, साहित्य का स्तर दिनोंदिन गिरता जा रहा है। निर्णायक साले गधे थे। उन्हें हलुवा और गोबर का फर्क नहीं पता! वगैरह-वगैरह। जिसका अब कोई मतलब नहीं था। अभिजीत ने आयोजक को एक गाली दी (भद्दी या गन्दी कहना अनिवार्य नहीं है) और स्वयं से बोला, 'बुढ़ऊ को साहित्य

की समझ नहीं थी, तो कम-से-कम मानवता की समझ तो होनी चाहिए थी! एक बरस तक रेगुलर मैंने दवाई पहुँचाई!'

कुछ दिन अभिजीत सबकी नजरों से बचता रहा। उसकी हालत उस विवाहिता की तरह हो गई, जिसका विवाह तो हो गया हो, परन्तु गौना न हुआ हो। और मिलन की कल्पना में बैठे-बैठे अधेड़पना आ धमका हो। वह तरह-तरह से स्वयं को समझाता। किताबें इधर-इधर पलटता। शून्य में देखते हुए कहता, 'असली पुरस्कार तो पाठकों का प्रेम होता है!' यह कहते हुए उसके नेत्र बरबस सजल हो जाते। उसे समझ ही न आता आखिर ऐसा क्योंकर हो रहा है!

जैसा कि विद्वानों ने कहा भी है—

शब्दम शब्दम योगम वाक्य पूर्ण आस्ति।
*त्वेम पहरम पहरम योगम दिवसम परिणतिम ॥**

अर्थात जिस प्रकार शब्द-शब्द मिलकर वाक्य बनता है, उसी प्रकार पहर-पहर मिलकर दिन बनता है।

तो इसी प्रकार से कई दिन बीत गए। और वह दिन भी आया, जब प्रसेनजित अभिजीत के घर प्रसन्न और विजयी भाव से आया। इधर-उधर की बातों के उपरान्त दोनों के बीच सुरा की बोतल खुल गई। जिसे प्रसेनजित सहर्ष अपने साथ लाया था। लक्ष्य था पुरस्कार मिलने की खुशी में सुरापान करना और करवाना। खुजलाने का असली मजा तब आता है, जब एकान्त हो। उसी प्रकार पुरस्कार पाने का मजा तभी है, जब प्रतिद्वंद्वी समक्ष हो!

लेखक के लेखन में रस हो न हो, परन्तु सुरा में अवश्य होता है। उसका परिणाम यह हुआ कि दोनों शीघ्र ही झूमने लगे।

'साहित्य साधना तो संगत में ही होती है!' प्रसेनजित लहराया।

साँप की तरह हृदय के किसी कोने में कुंडली मारे बात सहसा अभिजीत के मुख से निकली, 'यार सच-सच बता तूने पुरस्कार कैसे हथियाया!'

---

* संस्कृत का वह श्लोक फर्जी है, जो लेखक द्वारा इम्प्रेशन डालने हेतु बनाया गया है।

और कोई समय होता तो प्रसेनजित हथियार न डालता, वह तो सुरा उसके सिर पर चढ़कर बोल रही थी, तो इस समय गुरूर की जगह सुरूर ने लिया था। वह झूमते हुए बोला, 'मैं जानता हूँ, तू बुढ़ऊ को दवाई देने जाता था! तू साहित्य का कच्चा खिलाड़ी निकला बे!' यह सुनते ही अभिजीत का मुँह खुला का खुला रह गया। इस स्थिति में भी उसने सोचा कि साहित्य में जब मेरा विश्वस्त सूत्र हो सकता है तो उसका क्यों नहीं! यह विचार आते ही उसका मुँह बन्द हो गया।

'जानता है, तेरे जाने के बाद वहाँ मैं आता था!' यह कहकर प्रसेनजित कुछ क्षण को रुका। फिर बोला, 'तेरे दवाई का अधपत्ता देने के बाद बुढ़ऊ को मैं दारू की पूरी एक बोतल देता था...पूरी एक बोतल!' यह कहकर प्रसेनजित कोने में लुढ़क गया। उस समय अभिजीत समझ नहीं पा रहा था कि बुढऊ जो कि लुढ़कने वाले हैं, जाकर उसको लुढ़का दे या सामने प्रसेनजित जो लुढ़का पड़ा है उसे लुढ़का दे! इसी कशमकश में थोड़ी देर बाद ही वह खुद लुढ़क गया।

इस ऐतिहासिक बैठक के बाद दोनों के विश्वस्त सूत्रों ने यह कहानी साहित्य जगत में नहीं, अपितु सम्पूर्ण उत्तम प्रदेश में गा-गाकर बताई।

और तभी से दवा के साथ दारू का प्रचलन प्रारम्भ हो गया।

धन्धा!

धायँ! धायँ!

दो अलग-अलग बन्दूकों से एक ही समय पर दो गोलियाँ निकलीं।

कुछ बड़बड़ाते हुए दोनों बन्दूकधारी वहीं के वहीं ढेर हो गए। लोगों ने देखा कि दोनों की वर्दी अलग-अलग है। रूप-रंग अलग-अलग है। भाषा अलग-अलग है। और तो और मुल्क भी अलग-अलग है। पर जिन बन्दूकों से दोनों ने एक-दूसरे पर गोली दागी, उनकी कम्पनी एक ही निकली।

लोकतंत्र को हाँकती लाठियाँ

बापू अचानक थाने आए।

उनको पकड़कर नहीं लाया गया था, वे खुद आए थे। जब थाने में आ गए तो थानेदार उनको देखकर अचम्भित हुआ। उसने बापू को ऊपर से नीचे तक गौर से देखा। बाबू के माथे पर पसीने की बूँदें ढलक रहीं थीं। दरोगा ने बापू से बैठ जाने का आग्रह किया। उनके लिए तुरन्त पानी लाने का आदेश दिया। (जानता हूँ आप इस बात पर विश्वास नहीं कर रहे होंगे, पर दरोगा ने ऐसा किया।)

'कैसे आना हुआ बापू!' दरोगा ने बेहद नर्म लहजे में पूछा। (जी...यह सच है।)

'मेरी लाठी नहीं मिल रही है!' बापू बोले।

'लाठी!' दरोगा उचककर बोला।

'हाँ, मेरी लाठी चोरी हो गई।' बापू ने धीरे से कहा।

यह सुनकर दरोगा ठठाकर हँसा। उसके साथ-साथ थाने के सिपाही भी हँसे। पर बापू शान्त बैठे रहे।

'क्या बापू! यहाँ कितनी बड़ी-बड़ी वारदातों की लोग रिपोर्ट लिखवाने आते हैं और एक आप हैं, लाठी को लेकर आ गए!' दरोगा अपनी हँसी पर काबू पाते हुए बोला।

'लेकर कहाँ आया हूँ भाई...' बापू ने अपने हिसाब से सफाई दी।

बापू का यह कहना ही था कि एक बार फिर दरोगा की हँसी छूट ही गई। पर बापू का लिहाज करते हुए जल्दी ही उस पर काबू पा लिया। (सच में)

'ओ बापू आप कितने भोले हैं!' दरोगा एकटक बापू को देखता रहा।

'आप घर जाइए! आपकी लाठी मिलते ही आपको सूचित किया जाएगा!'

'मगर आपने मेरी रपट नहीं लिखी!'

'आपने कह दिया, समझो हो गई! अब आप घर जाएँ।' दरोगा ने मुस्कराकर कहा।

बापू उठकर जाने लगे। सहसा उन्हें कुछ याद आया। वह पुनः बैठ गए।

'ये बताइए! आप मेरी लाठी को पहचानेंगे कैसे?'

'पहचानना क्या! सभी लाठी एक सी तो होती हैं!' दरोगा ने लापरवाही से जवाब दिया।

'न, सभी लाठी एक सी नहीं होतीं!' बापू दो टूक बोले।

दरोगा अपनी कुर्सी पर कसमसाया।

'अगर सभी लाठी एक सी हो भी जाएँ, तब भी एक सी नहीं होंगी!' बापू आगे बोले।

दरोगा को बापू की यह बात समझ में न आई और न ही उसने समझने की चेष्टा की। उसने बापू के चेहरे को ध्यानपूर्वक देखा। बापू का चेहरा उसे दृढ़ लगा। मुस्कुराते हुए बोला, 'लाठी की कोई फोटो है!'

बापू ने एक फोटो मेज पर रख दी।

'वाह बापू! पूरी तैयारी से आए हैं!'

बापू शान्त बैठे रहे।

'अच्छा, अब आप जाइए!' फोटो को देखते हुए दरोगा बोला।

बापू उठकर जाने लगे।

'अरे आजकल का माहौल ठीक नहीं चल रहा! आपके साथ सिपाही को भेजे देता हूँ...' दरोगा ने चिन्ता प्रकट की।

'मैं आजकल के नेताओं की तरह भयभीत नहीं हूँ भाई!' बापू ने हाथ हिलाकर ऐसा करने से मना किया।

'और बापू हो सके तो अन्दर ही रहें! आजकल बाहर खतरा बहुत है।' बापू बिना कुछ बोले चले गए।

बापू के जाने के बाद दरोगा कुछ सोच में पड़ गया।

'सर यहाँ सरकार हमारे बम्बू किए है, अब इनकी लाठी कहाँ से ढूँढ़ी जाए!' एक सब इंस्पेक्टर बोला।

'हूँ...' दरोगा अपना सर खुजलाते थाने में इधर-उधर देखने लगा।

'अरे यार! कोई भी लाठी दे दो जो इससे मिलती-जुलती हो!' दरोगा ने यह कहते हुए वह फोटो सब इंस्पेक्टर के सामने बढ़ा दी।

सब इंस्पेक्टर ने थाने में सभी लाठियों का सूक्ष्म निरीक्षण किया। संजोग से एक लाठी फोटो से मिलती-जुलती पाई गई।

'सर ये रही बापू की लाठी!'

लाठी देखकर दरोगा खुशी से उछल पड़ा। फिर गम्भीर होकर पूछा, 'अगर बापू पहचान गए तो!'

'आपको अलग लग रही!' सब इंस्पेक्टर ने पूछा।

'न! कतई नहीं!' दरोगा अपनी खुशी को छुपाते हुए बोला।

'अरे सर सवाल ही नहीं उठता! इस उम्र में नजरें इतनी तेज नहीं होतीं!' सब इंस्पेक्टर ने बहुत विश्वास के साथ कहा।

दरोगा ने राहत की साँस ली। दरोगा ने तय किया कि वह खुद ही बापू के पास लाठी लेकर जाएगा। मगर वह वर्क लोड के कारण ऐसा नहीं कर सका। तीसरे दिन बापू थाने खुद ही आ गए।

'आइए बापू!' दरोगा ने बापू का अभिवादन किया।

कुछ ही देर में बापू के सामने लाठी हाजिर थी।

'यह लीजिए बापू, आपकी लाठी! बहुत मेहनत करनी पड़ी!' दरोगा लाठी बापू के हाथ में थमाते हुए बोला।

बापू ने लाठी को जैसे ही हाथ में लिया। वह उठ खड़े हुए।

'यह मेरी लाठी नहीं है!'

'बापू यह आपकी ही लाठी है।' दरोगा भावशून्य होकर बोला।

'यह मेरी हो ही नहीं सकती!'

'आप ही की है बापू!' दरोगा ने लाठी के पास उसकी फोटो दिखाते हुए कहा।

'न!' बापू दृढ़ स्वर में बोले।

'अच्छा! आपको कैसे पता! पुलिस आप हैं कि हम!'

'पर लाठी तो मेरी है। यह मेरी लाठी नहीं है। जब मिल जाए तो कृपया सूचित करिएगा! मैं पुनः आ जाऊँगा!'

बापू उठकर जाने लगे।

'आप कैसे कह सकते हैं कि यह आपकी लाठी नहीं है!' दरोगा ने अपना गुस्सा दबाते हुए पूछा।

'जिसमें खून का धब्बा लगा हो, वह मेरी लाठी हो ही नहीं सकती!' बापू उठे और जाने लगे।

'खून का क्या है! अभी धुल जाएगा! लाठी चकाचक हो जाएगी...' सब इंस्पेक्टर उत्साहपूर्वक बोला।

पर बापू कुछ न बोले।

'बापू लेते जाइए! आपको चलने में दिक्कत होगी!' दरोगा जोर से बोला।

'आप लोगों की तरह मैं नहीं हूँ! बिन लाठी के मैं चल लूँगा! धन्यवाद!'

और बापू चले गए।

'देने से पहले पोंछ तो लेते!' बापू के जाने के बाद दरोगा ने सिपाही से कहा।

'सर ये लाठीचार्ज के बाद ही आ गए...टाइम ही नहीं मिला!'

सिपाही की इस सफाई को अनसुना करते हुए दरोगा ने लाठी को गौर से देखा। पुलिस सर्विस में आए हुए इतने वर्ष हो गए थे, मगर अपनी काठी को छोड़कर उसने लाठी को कभी गौर से नहीं देखा था।

पोस्टमार्टम

पोस्टमार्टम के लिए ताजी लाश पड़े-पड़े कब की बासी हो चुकी थी। अब उसका इन्तजार खत्म होने को था।

'देख लो सही से! मरा है कि जिन्दा है!' सीनियर डॉक्टर बोला।

यहाँ डॉक्टर का कथन आपको अमानवीय लग सकता है। लेकिन इससे पहले जिसे लाश समझकर भेजा गया था। वह जीवित निकला था और यह बात पूर्णत: सच थी, इस खबर को एक समाचार-पत्र ने प्रकाशित भी किया था।

लाश का पोस्टमार्टम शुरू हो गया।

थोड़ी देर बाद लाश खुल चुकी थी। व्यक्ति जो जीते जी खुलकर नहीं कह सका होगा, अब उसकी लाश कह रही थी।

उसकी छाती से राख निकली! उसकी आँखों से नमक! उसके कानों में से जमे खून का थक्का! आँतों में से ढेर सारे शब्द!

'बॉस यह लाश किसकी होगी!' जूनियर डॉक्टर ने पूछा।

'मजदूर की!'

'आप ये कैसे कह सकते हैं बॉस!'

'मेरे पिताजी भी एक मजदूर थे!' सीनियर डॉक्टर का जवाब सुनकर उसे झटका लगा।

'ज्यादा सोचो मत! बस ऐसे ही बोल दिया!' हाँ तो तुमने अभी देखा न! इसके

शरीर से क्या निकला!' यह सुनकर जूनियर डॉक्टर चुप हो गया।

'सुनते-सुनते कान पक गए थे इसके ये खून का थक्का बता रहा है...

'बहते-बहते आँसू सूख चुके इस बात की दुहाई नमक दे रहा है...'

सीनियर डॉक्टर ने जूनियर डॉक्टर का संशय दूर करने की कोशिश की।

'चेस्ट से एशेज का मिलना यानी यह सिगरेट पीता होगा!' जूनियर डॉक्टर उत्साहित होकर बोला।

'नो नो नो ये इंडस्ट्रियल एरिया में काम करता होगा या किसी ईंट के भट्ठे पर...कहने को तो यह भी कहा जा सकता है, बट फैक्ट इज दैट.. सीने में इसके जले हुए अरमान हैं!'

'और बॉस व्हाट अबाउट इंटेस्टाइन...'

'इसने रोटी से ज्यादा गालियाँ खाई होंगी...दैट इज वाई...'

'भूख से मरा!'

'नहीं! इसकी मौत भूख से नहीं, इनफेक्ट सिस्टम पर विश्वास करने से हुई है!' सीनियर डॉक्टर ने जवाब दिया।

कुछ ही देर में पोस्टमार्टम पूरा हो चुका था। डॉक्टर ने फाइनल रिपोर्ट में लिखा—

इमीडिएट कॉज : **शॉक!**

फाइनल कॉज : डीहाइड्रेशन लीडिंग टू डेथ यानी पानी की कमी से मौत।

हुनर

काफी दिनों से वे अपने मन को मना रहे थे...

एक मन को मनाने में उन्हें नाकों चने चबाने पड़े। वे उद्धव बन गोपी रूपी मन को भाँति-भाँति के तर्कों से सन्तुष्ट करने की जुगत में जुटे हुए थे।

इतनी कवायद तो कभी पुरानी सरकार गिराने में न हुई,न तो नई सरकार बनाने में!

उफ! कितने मुश्किल थे ये दिन...यह उनका ईश्वर या वे खुद जानते हैं!

अब जाकर उन्होंने सक्रिय राजनीति से संन्यास लेने की सोची। सच बात तो यह है कि उनका संन्यास लेने का मन तो न था, मगर आने वाली पीढ़ी के लिए उन्हें ऐसा करना पड़ रहा था। उन्हें उम्मीद थी कि उनके इस फैसले से राजनीतिक गलियारों में उनके त्याग और तपस्या के चर्चे सुर्खियाँ बटोर लेंगे!

उन्होंने अपना सारा जीवन राजनीति में खपा दिया। इस बात की पुष्टि (घोषित रूप से) उनकी सफेद संगमरमर की विशालकाय कोठी और (अघोषित रूप से) जमीन के कई पट्टे करते हैं। हालाँकि उनकी दृष्टि धुँधली हो चुकी है, मगर अब भी उन्हें बहुत दूर की सूझती है। घुटने बदले जा चुके हैं, मगर राजनीति में उनके पैर पूरी मजबूती से जमे हुए हैं। पेसमेकर लगा है, मगर लड़ने-लड़ाने से उनका दिल अभी भी पूरी तरह से भरा नहीं है। उम्र छियासी को छू रही, मगर उत्साह उनमें छियालिस वाला ही है। उनके बचे-खुचे दाँत हिलने लगे हैं, मगर उनके इरादे अभी भी अटल

हैं। वे नाती-पोते वाले हैं, मगर विधानसभा उन्हें ससुराल गेंदा फूल ही लगती है। वे इन दिनों भूलने भी लगे हैं, मगर नया वादा करने में कोई कोताही नहीं बरतते हैं। वे बहुत ऊँचा सुनने लगे हैं, मगर उनके कहे को, मजाल है कोई अनसुना कर दे! वे चलने में छड़ी का सहारा लेते हैं, मगर अकेले अपने दम पर चुनाव जीतने का माद्‌दा अब भी रखते हैं। बवासीर है, मगर कुर्सी पर बिना पोज बदले घंटों बैठ लेते हैं। भले ही उनकी खुराक इधर कम हो गई है, मगर भूख पहले ही जैसी है।

इस बाबत आज उन्होंने एक प्रेस कॉन्फ्रेंस बुलाई है, जहाँ वे अपने संन्यास की ब्रेकिंग न्यूज का मसाला देने वाले हैं।

प्रेस कॉन्फ्रेंस से कुछ घंटे पहले उनका मन अचानक से भारी होने लगा। उन्होंने बेटे को अपने कक्ष में बुलाया और अपने मन को वे हल्का करने लगे।

'अब तुम्हें ही सँभालना है ये सब!' उन्होंने अपने बेटे से कहा।

'जी बाबूजी!' बेटा जोर से बोला।

'मेरा टिकट तो अब इस दुनिया से कटने वाला है, मगर मेरे टिकट पर चुनाव तुम्हें लड़ना है!' वह आहिस्ता से बोले।

'प्लीज! बाबूजी ऐसा न कहें! मरें आपके दुश्मन!' बेटा भाव-विह्वल हुआ।

"हमसे कोई छूटा है क्या!' वे हँसे।

'किसी दिन आप अपनी सारी कहानियाँ सुनाइए हमें!' बेटा उत्साह से बोला। हालाँकि कहानियों की जगह वह कारस्तानियाँ कहना चाहता था, मगर भयवश कह न सका।

'तुम तो जानते हो मेरे इतने लम्बे राजनीतिक जीवन में मुझ पर कोई दाग नहीं लगा!' बेटे के कहे पर ध्यान न देते हुए, वे सीधे प्वाइंट पर आए।

'जी बाबूजी!' बेटे ने सिर हिलाया।

'कई बार मंत्री रहा...एक से बढ़कर एक विभाग मिले...फिर भी...'

'जी!' बेटा धीरे से बोला।

'जानते हो क्यों!' उन्होंने बेटे को प्यार से देखा।

'आपने देश की सेवा करने के लिए राजनीति चुनी...न कि कैरियर बनाने के लिए! आप कर्तव्यनिष्ठ रहे और अपना दायित्वबोध समझते थे...इसलिए

आप सदैव लोगों की सेवा के लिए तत्पर रहे...' बेटा बोलते-बोलते जोश में आ गया।

बेटे की बात सुनकर उन्हें सन्तोष हुआ।

'चलो भाषण तो ठीक दे लेगा!' उन्होंने मन में सोचा।

'वो सब तो ठीक है, मगर मेरी इस बेदाग छवि के पीछे मेरे बाबूजी...यानी कि तुम्हारे दादाजी के एक थप्पड़ का योगदान है...' वे दीवार पर टँगी पिता की पगड़ी वाली हँसती हुई तसवीर को देखते हुए बोले।

'क्या कह रहे हैं बाबूजी!' बेटा चौंका।

वे अब भी दीवार पर टँगी अपने बाबूजी की तसवीर को देख रहे थे।

'लग रहा है थप्पड़ काफी जोरदार था...आपको अब तक याद है!' बेटे ने अपनी स्मार्टनेस दिखाई।

'थप्पड़ नहीं उनका सबक!' उन्होंने तसवीर से नजर हटाई।

बेटा खिसियाया। वो बेवजह मुस्कुराने लगा।

'अब जो कहने जा रहा हूँ, ध्यान से सुनो!' उन्होंने आदेश जैसा दिया।

'जी बाबूजी!' बेटे की देह भाषा बदल गई।

'बचपन से ही...मैं खाते समय बहुत आवाज करता था...वे कुछ पल को रुके। फिर आगे बोले, 'मेरी इस आदत के चलते पिताजी मुझे टोकते रहते। एक दिन की बात है...पिताजी के साथ भोजन कर रहा था...अचानक पिताजी ने मेरे गाल पर एक जोरदार झापड़ रसीद कर दिया। और गुस्से से बोले...कितनी बार तुम्हें मना किया है कि खाते वक्त आवाज नहीं होनी चाहिए! उसी क्षण पिताजी की यह बात मैंने गाँठ बाँध ली। वो दिन था और आज का दिन है...मजाल है मेरे खाने में आवाज आ जाए...' वे बताते-बताते कहीं खो से गए।

'बाबूजी!' बेटे ने उनको हिलाया।

वे लरजती आवाज में बोले, 'उनकी यह सीख राजनीति में बहुत काम आई! अब समझे मेरी बेदाग छवि का राज!'

'जी बाबूजी!' बेटा मुस्कुराते हुए बोला।

'क्या!' उन्होंने उम्मीद भरी नजरों से बेटे को देखा।

'यही कि खाते वक्त आवाज नहीं करनी है!' बेटा अपने दादा की तसवीर के सामने हाथ जोड़ते हुए बोला।

यह सुनते ही उनकी आँखों में नई चमक आ गई और उनका गला इतना रुँध-सा गया कि उनसे शाबाश भी न बोला गया!

वे छड़ी का सहारा लेकर किसी तरह उठे और अपने संन्यास की विधिवत घोषणा करने चल दिए।

माटी

कल रात से ही कसाईबाड़े में हलचल मची हुई है। सुबह होते ही गली के आखिरी मकान के सामने मजमा लग गया था। अधिकतर के मुँह पर मास्क थे। जिनके मुँह मास्कविहीन थे, वे रूमाल से ढँके हुए थे।

'क्या जमाना आ गया है!'

'जमाना तो छोड़िए जनाब, कमबख्त यह बीमारी कौन-सी आ गई!'

'बताते हैं कि यह वायुरस दवाई से भी नहीं मरता!'

'मैं तो कहता हूँ कि हमें इस सबमें पड़ना नहीं चाहिए, खुदा न खास्ता कुछ कोर-कसर रह गई तो वही बात होगी कि गए थे नमाज बख्शवाने, गले पड़ गए रोजे!'

'यह वक्त है! ऐसी बातें करने का!' फारूख मियाँ ने सख्त लहजे में कहा।

'यहाँ जनाजा रखा हुआ है और आप लोग इधर-उधर की बातें कर रहे हैं!' फारूख मियाँ फिर बोले। फारूक मियाँ के इस रुख को देखकर वहाँ शान्ति छा गई।

'कोई रिश्तेदार आ रहा! सबको खबर करवा दो!' फारूख मियाँ ने एक नजर सबको देखते हुए कहा।

'कोई मिट्टी छूने को तैयार नहीं चचा...जबकि बार-बार बताया गया है कि मरहूम को किरौना नहीं हुआ था, अफवाह थी, पर कोई मानने को तैयार ही नहीं...' किशोर फैजान ने सारी बात एक साँस में कह डाली।

'अब ज्यादा देर करना मुनासिब नहीं। मिट्टी खराब होगी!' कलीम मियाँ बोले जो फैजान के अब्बू थे।

'जिन्दगी भर अकेला रहा, अब देखो अकेला चल दिया! फारूख मियाँ का यह कहते-कहते गला भर आया।

'उठाइए भाई जान!' आमिर बोला। सब आगे बढ़े। फारूख मियाँ ने भी अपनी उम्र की परवाह न करते हुए जनाजे को कन्धा दिया, पर थोड़ी देर बाद ही जिया साहब ने उनकी जगह ले ली।

फारूख मियाँ जनाजे के आगे चल रहे थे। वे चिहुँके। जैसे उन्हें सहसा कुछ याद आ गया हो!

वे भर्राई आवाज में बोले, 'राम नाम!'

पीछे से आवाज आई, 'सत्य है!'

राजा और नट

'प्रारब्ध को मानते हो!'

'मैं कर्मयोगी हूँ, मैं नहीं मानता!' राजा ने बहुत आत्मविश्वास से उत्तर दिया।

तब ऋषि ने राजन को एक कथा सुनाई।

एक राजा भेस बदलकर मंत्री संग अपने राज्य के दौरे पर निकला।

बाजार में उसने देखा कि एक जगह खूब भीड़ लगी हुई है। कारण जानने के लिए दोनों वहाँ जा पहुँचे। वहाँ पहुँचकर उन्होंने देखा कि एक नट खेल दिखा रहा है। लोग अपने सारे काम-धाम छोड़कर मंत्रमुग्ध उसे देख रहे थे। राजा और मंत्री भी उसे देखने के लिए खड़े हो गए थोड़ी ही देर में राजा भी नट के भाषा कौशल पर मोहित हो गया।

'बोलने की क्या कला है!' राजा मंत्रमुग्ध होकर बोला।

'निःसन्देह! महाराज!'

'यह तो मुझसे भी अच्छा बोलता है!' राजा नट की कला पर अब पूरी तरह से सम्मोहित हो गया था।

मंत्री को अब समझ न आए कि वह इसका उत्तर क्या दे! वैसे राजा बात सही कह रहा था!

लोग आते जा रहे थे। भीड़ बढ़ती ही जा रही थी। नट की बातों पर कभी भीड़ ताली बजाती, तो कभी आँखें फाड़े किसी चमत्कार की आशा में दम साधे उसका खेल देखती।

'क्या कहते हो! उसकी पोटली में नेवला है!' राजा ने मंत्री से पूछा। नट एक पोटली को हिला-हिला कर उसे नेवला बता रहा था।

'अरे कहाँ महाराज! यह तो हाथी के दाँत हैं, दिखाने के कुछ और खाने के कुछ और!' मंत्री ने जवाब दिया।

'लेकिन लोगों को देखो! कितने विश्वास से उसे देख रहे हैं! ये नट नेवले की जगह विकास भी कहता, तब भी लोग ऐसे ही विश्वास करते!'

'यही तो कला है महाराज!'

'यह तुम मुझे क्या बताते हो!' राजा मुस्कुराते हुए बोला।

'क्षमा करें महाराज!' मंत्री भी मुस्कुराया। वह जानता था कि राजा क्या संकेत कर रहा था।

नट धाराप्रवाह बोल रहा था। उसकी भंगिमा देखते ही बनती थी। उसने खेल दिखाते हुए अच्छा-खासा समय ले लिया था, मगर पोटली से नेवला अभी तक नहीं निकला था। और कमाल की बात इस बात को लेकर भीड़ में कोई बेचैनी भी नहीं दीखती थी।

'देख रहे हो इस नट को! इसके जादू को!' राजा नट के टैलेंट पर पूरी तरह से फ्लैट हो गया था।

'जादू तो है ही, पर जनता भी भोली है महाराज!' मंत्री ने विमर्श को एक नया कोण दिया।

'जनता इतनी भी भोली नहीं! हर दिन हर बार उसे कुछ नया खेल दिखाना पड़ता है, नहीं तो वह एक नट को छोड़कर दूसरे नट का खेल देखने लगती है!' राजा ने भी विमर्श का एक नया कोण प्रस्तुत किया।

तभी भीड़ में से एक आदमी बोला, 'ओय! नेवला नहीं तो कम-से-कम चूहा ही निकाल दे!' उसकी बात पर लोग हँसने लगे।

'निकालने को तो मैं पूरा का पूरा साँप निकाल दूँ! पर तूने चूहा कहा, तो जरा अपनी जेब देख ले!' नट बहुत नाटकीय अन्दाज में बोला।

उस आदमी ने अपनी जेब टटोली। उसमें से वाकई एक चूहा निकला। आदमी उछल पड़ा। घबराए हुए आदमी को देखकर भीड़ ने जोरदार ताली बजाई। और नट

को अब सम्मोहित होकर नहीं श्रद्धा से देखने लगे।

'देख रहे हो!'

'जी, महाराज!'

'क्या!'

'यही कि ये चूहे वाला आदमी नट का ही आदमी है! इस तरीके से आपने कितने विरोधियों, जनआन्दोलनों को निपटाया है।' मंत्री ने पूरी व्याख्या प्रस्तुत कर दी।

'इस नट को अगर प्रायोजक मिल जाए तो ये कहाँ से कहाँ पहुँच जाए!' यह कहकर राजा न जाने कहाँ खो गया।

'इसमें क्या शक है महाराज!' 'पर हर कोई इतना भाग्यशाली नहीं होता!' यह बात मंत्री ने अपने मन में कही।

'आओ अब चलें!'

'जैसी महाराज की इच्छा!'

दोनों चल पड़े। नट अभी खेल दिखा रहा था। भीड़ जमी हुई थी। लोग मजे ले रहे थे।

'तुम्हें क्या लगता है नेवला निकलेगा!' राजा ने यह प्रश्न एक बार फिर पूछा।

'अरे कहाँ महाराज!'

'फिर!'

'फिर क्या महाराज! अन्त में ये नट तेल, तावीज, चूरन कुछ न कुछ बेचेगा। बेचने के पीछे ही यह सब नौटंकी है!' मंत्री ने बहुत विश्वास से जवाब दिया।

'लेकिन असली खेल वह नहीं था, जो हमने देखा!'

'फिर महाराज!' मंत्री को राजा की बात समझ न आई।

'जरा अपनी जेब तो देखो!'

मंत्री ने अपनी जेब चेक की। जेब कट चुकी थी।

'स्याला! ये है असली खेल!' मंत्री अचरज से बोला।

'जानते हो जेबकतरा भी उसका ही है! दृश्य से ज्यादा अदृश्य से कमाई होती है!'

'मेरी तो कटी पर आपकी बच गई...इस बात का सन्तोष है मुझे!'

मंत्री की बात सुनकर राजा हँसने लगा।

'आपकी भी कट गई महाराज! यह कहते हुए मंत्री रुक गया।

'यार मैं भी सामने चलते तमाशे में खो गया था!' राजा चलता रहा।

'खेल रोचक हो तो नट का काम आसान हो जाता है।' मंत्री ने राजा के साथ कदम ताल मिलाई।

'निःसन्देह!' यह कहकर अब राजा रुक गया।

'अपने से ज्यादा टैलेंटेड को देखकर जलन और खतरा क्यों महसूस होता है!' राजा खोया-सा बोला। उसका टोन बिलकुल बदला हुआ था। अब मंत्री इसका क्या जवाब देता। फिर भी उसने जवाब दिया।

'पिछले सौ सालों में और आने वाले हजार सालों में आपके जैसा कोई न हुआ है और न ही होगा!' मंत्री ने राजा की महिमा गाई।

'नहीं भई! आज इस नट को देखकर मेरा आत्मविश्वास हिल गया। ऐसा करो! कल इसे ठोंक दो!'

'महाराज!' मंत्री थोड़ा-सा कन्फ्यूज हुआ।

'अरे भाई कल किसने देखा है! कल को इसे कोई तगड़ा प्रायोजक मिल गया तो फिर...इसका टैलेंट तो हम लोगों ने देख ही लिया है!'

'जो आज्ञा महाराज!' मंत्री को अब किसी प्रकार का कोई कन्फ्यूजन नहीं रहा। दोनों वापस महल आ गए।

अगले दिन के बाद नट किसी को नहीं दिखा। अलबत्ता, राजा को लोगों ने पूरे जोशोखरोश से भाषण देते सुना।

कथा सुनाने के बाद ऋषि बोले, 'अब बोलो! राजन!'

'क्या बोलूँ अब! आपने तो मेरा भी आत्मविश्वास डिगा दिया! चलूँ और देखूँ! कहीं मेरे राज्य में कोई नट तो नहीं है!'

यह कहते हुए राजा तेजी से रथ पर सवार हो गया।

डमी

बाजार की रौनकें सिमट रही थीं। दुकान बढ़ाने का समय हो चला था। दोनों डमियों को दुकान के अन्दर रखा जा चुका था। यह एक अंडरगारमेंट की दुकान थी और दोनों डमी अंडरगारमेंट पहने दुकान के सामने खड़ी रहती थीं।

'आज तो मैं बोलकर ही रहूँगी!'

'पक्का!'

'तू साथ देगी कि नहीं!'

'हम दोनों एक ही नाव पर सवार हैं बहन!'

दुकान मालिक जब चलने को हुआ तो एक डमी बोली, 'हमें कुछ कहना है!'

दुकान मालिक ठिठका।

'आपका स्टाफ हमारे साथ जब-तब बदतमीजी करता है!' पहली डमी गुस्से से बोली।

'कभी हमारे नितम्ब पर तो कभी हमारे वक्ष पर तो कभी...' दूसरी डमी कहते-कहते रुक गई।

'जानता हूँ मैं!'

'आप जानते हैं!' पहली डमी चौंकी।

'ये कोई बड़ी बात नहीं है!' दुकान मालिक आराम से बोला।

'बड़ी बात नहीं!' दूसरी डमी चीखी।

'अब हमें यहाँ एक पल भी नहीं रुकना!'

'आपसे यह उम्मीद नहीं थी!' दूसरी डमी बोली।

'सोच लो!' दुकान मालिक मुस्कुराया।

'अब सोचने-समझने का वक्त गया!'

'कोई बड़ी बात नहीं!' दूसरी डमी ने दुकान मालिक की कही हुई बात दोहराई!

'ज्यादा नखरे मत कर! बिना बात के नुमाइश कर रही है!' अचानक यह बात उस कर्मचारी के मुँह से निकली जो उनको झाड़ता, पोंछता और उन्हें इधर से उधर उठाकर रखता था।

'चल हट!'

'कुत्ता कहीं का!'

दोनों डमियाँ उसे दुत्कारते हुए दुकान से बाहर चली गईं।

अगले दिन दुकान मालिक जब अपनी दुकान पहुँचा तो दोनों डमियाँ वहाँ पहले से मौजूद थीं। उन्हें वहाँ देखकर उसे कोई हैरत नहीं हुई। सहायक जब दुकान का शटर उठा रहा था तो दुकान मालिक मुस्कुराते हुए बोला, 'बड़ी जल्दी आ गईं तुम दोनों! अभी तो चौबीस घंटे भी न हुए!'

दोनों डमियाँ शान्त खड़ी रहीं। मालिक ने उन्हें ऊपर से नीचे ध्यान से देखा। एक डमी के चेहरे और छाती पर खरोंचों के निशान थे। दूसरी डमी के पेट और जाँघों पर।

'ये निशान कैसे! 'दुकान मालिक ने पूछा।

दोनों डमियाँ एक दूसरे को देखने लगीं।

'क्यों...क्या हुआ!' दुकान मालिक ने फिर पूछा।

'वो...वो...' पहली डमी हकलाई।

'वो कुछ नहीं...रात को कुत्ते पीछे पड़ गए थे बस!' दूसरी डमी झट से बोली।

यह सुनते ही दुकान मालिक जोर से हँसा। हँसते हुए बोला, 'वाकई!'

दोनों डमियाँ खड़े-खड़े काँपने लगीं।

टिली ली ली...

दर्शक दीर्घा में बैठा नाटक देख रहा हूँ। नाटक शुरू होने से पहले संचालक ने मोबाइल साइलेंट या स्विच ऑफ रखने की अपील की है। उसकी यह अपील कितनी कारगर होगी, यह तो नाटक के बाद पता चलेगा। बहरहाल, नाटक शुरू हो गया है।

देख रहा हूँ कि बड़े से बँगले का दृश्य है। एक महानुभाव अखबार पढ़ते हुए जूस पी रहे हैं। गेटअप से नेता ही दिखाया गया है। जबकि मेरा खयाल है, नेता ही हैं अगर, तो उनको गंजी में दिखाना चाहिए था! सुबह-सुबह ही सजा-सँवरा दिखा दिया। दूसरे पल खयाल आता है कि नेता हैं, घनघोर बिजी रहते होंगे, नाश्ता कर कहीं निकल ही रहे होंगे! मुझे इतनी जल्दीबाजी नहीं करनी चाहिए! हम बहुत जल्दी ही निष्कर्ष पर पहुँच जाते हैं! अब मैं सोच रहा हूँ कि 'मैं या मुझे' की जगह मैंने 'हम' क्यों सोचा!

तभी बँगले के अहाते में उन्हें हलचल सी दिखती है। भुन...भुन...भुन... कुछ अस्पष्ट आवाजें सुनाई जान पड़ती हैं। पता चलता है कि उनके क्षेत्र का एक जनसमूह उनसे मिलने आया है। आज उनका कुछ मूड सही नहीं दीखता। वे बार-बार अपने पेट पर हाथ रख रहे हैं। (निर्देशक ने इस युक्ति का अच्छा प्रयोग किया है।) वह आवाज देकर अपने निजी सचिव को बुलाते हैं। सरनेम पुकारते हैं। उसका सरनेम बताना, मैं यहाँ जरूरी नहीं समझता! उनकी एक आवाज में सफारी

सूट पहने एक लम्बा व्यक्ति नमूदार होता है। नेताजी उसके कान में कुछ फुसफुसाते हैं। अब उनकी जगह उनका निजी सचिव उस समूह से मुखातिब है। सेट बड़ा है। एक बात अच्छी लगी। नेता को थुलथुल नहीं दिखाया है। स्टीरियो टाइप! एक तरफ निजी सचिव और जनसमूह तो दूसरी तरफ अखबार पढ़ते, जूस पीते नेताजी दीख रहे हैं, जैसा कि आपको पहले भी बताया।

मैं देख रहा हूँ कि समूह में से पीला कुरता पहने दुबला-पतला एक आदमी आगे आता है और टू दि पॉइंट बोलता है, 'नेताजी (वह सचिव को ही नेता कह रहा) मरम्मत सड़कों की कब होगी! नहीं होगी तो हम सड़कों पर उतरेंगे!'

निजी सचिव भी टू दि पॉइंट, मगर हँसकर उत्तर देता है, 'वोट के बदले बोतल किसने ली! और कितनी ली!'

तभी इधर नेताजी का मोबाइल बजता है—टिली ली ली...टिली ली ली...

रिंगटोन गजब की है! रिंगटोन सुनकर बहुत से दर्शक हँस रहे हैं। मेरे बगल में बैठा हुआ, तो कुछ ज्यादा ही। नेताजी फोन नहीं उठाते।

वह आदमी अपना-सा मुँह लेकर चला जाता है। अब एक रंगीन बुशर्ट पहने युवा आता है, जो मिमियाता है, 'अरे सर रेगुलर बिजली नहीं आती!' (मुझे लगा कि वह जोश में बोलेगा!)

निजी सचिव आँख मारकर कहता है, 'वोट के वक्त नोट मिले थे कि नहीं!'

युवक सिर हिलाता है। बहुत धीरे से। लाइट उस पर फोकस थी, तो उसकी भंगिमा दीख गई। वरना पता भी न चलता।

निजी सचिव आगे कहता है, 'पूरे मिले थे! कड़े-कड़े मिले थे!' (मैं होता तो कड़क-कड़क कहलवाता!)

युवक सिर झुकाए पीछे हो जाता है और इधर 'टिली ली ली...टिली ली ली...' नेताजी का फोन बजता है। इस बार भी नेताजी फोन देखते, मगर रिसीव नहीं करते। सभागार में फिर कइयों की हँसी गूँज रही है।

युवक के जाने के बाद एक महिला आती है। बाल जिसके आधे सफेद और आधे काले हैं। धोती सूती की है। मटमैली। आँचल पर बने फूल फीके हो चुके थे। आई थिंक...फूल से खुशबू जा चुकी थी और वे बास मार रह थे!

कहती है, 'का साहिब! ऐसे कैसे चलेगा! टेम ही नहीं है आपके पास! पानी आता नहीं! घर की नलकी सूखी है!'

निजी सचिव उसे ध्यानपूर्वक देखता है। फिर बोलता है, 'क्या गंगू ताई! क्या बोली थी वोट के टेम! अभी भूल गई सब! और क्या लगा रखा है नलकी सूखी! नलकी सूखी! अभी सूखी है, तभी सूखी नहीं थी क्या! काय! तुम्हारा जाति वाला ही तो जीता है!' निजी सचिव महिला की बातों को निजी तौर पर लिया दीखता है। काफी लम्बा बोला। तिस पर जोश में बोला।

तभी नेताजी का मोबाइल 'टिली ली ली...टिली ली ली...' बज उठता है।

सुनकर दर्शक हँस रहे हैं। नेताजी फोन काट देते हैं।

अभी जो सामने आया है, उसे अधेड़ कहूँ या नौजवान समझ में नहीं आ रहा। उसका मेकअप कुछ अजीब-सा है। अभी मैं कुछ तय कर पाता हूँ कि वह तेवर से कहता है, 'नउकरी अब तक नहीं मिली!' (मुझे लगता है कि नौकरी की जगह जॉब बुलवाना चाहिए था!)

मैं खुद से बोलता हूँ, अब मजा आएगा प्यारे!

'पहले का कुछ बकाया हो तो बोलो! नेताजी जब रैली करेंगे तो नौकरी खुद पे खुद ही मिल जाएगी!' यह कहकर निजी सचिव रुकता है। सामने खड़े व्यक्ति को बहुत प्यार से देखता है। फिर आगे कहता है, 'ये लो रसीद। कटवाओ इसे। समझ लिया जाएगा!'

ठीक इसी समय नेताजी का फोन फिर बजता है, 'टिली ली ली...टिली ली ली...'

कहना न होगा कि नाटक देख रहे लोगों में से कई हँस रहे हैं। और मेरे बगल में बैठे सज्जन का हाल तो पूछिए ही मत! नेताजी फोन नहीं उठाते।

यह सुनकर वह व्यक्ति वापस जाने लगता है। मैं निराश होता हूँ। उसके साथ-साथ जनसमूह लौटने लगता है। जनसमूह जब वापस हो रहा होता है, तभी एक बार फिर टिली ली ली...टिली ली ली...की रिंगटोन बज उठती है।

सभागार में लोग हँस रहे हैं।

नाटक खत्म हुआ। तालियाँ बज रही हैं और मैं हाथ झाड़कर बाहर निकल

रहा हूँ। निकलते वक्त मन हुआ कि बगल वाले सज्जन को एक बार फिर देखूँ!

घर पहुँचते ही पत्नी इठलाकर पूछती है, 'खेला कैसा था बाबू!' मेरी पत्नी बंगाली है क्या! न चाहते हुए भी मुझे ऐसा खयाल आता है!'

'नाटक कैसा था!' उसने मेरे मन में झाँक लिया।

'खेला को अच्छा कहने का मन नहीं है मेरा!' मैं कहता हूँ। (जी हाँ, नाटक की जगह मैंने खेला ही कहा।)

वह मेरे जवाब से खुश नहीं होती। उलाहना करती है, 'यह क्या बात हुई! अच्छा छोड़ो!' (शायद उसने अपना सवाल बदल दिया और इरादा भी)

'सबसे अच्छा अभिनय किसका था!' वह पूछती है।

'लोग तो कह रहे थे कि नेताजी के निजी सचिव ने बहुत जबरदस्त पार्ट खेला है। पर मुझे लगता है कि यहाँ कोई भी अपना पार्ट सही से अदा नहीं कर रहा है।'

'ए हेलो! क्या बोल रहे हो! मैं नाटक के बारे में पूछ रही हूँ!' पत्नी आँखें बड़ी करके मुझे देखती है। उसे शक होता है कि कहीं मैंने कोई व्यसन तो नहीं किया है।

'सॉरी! सॉरी! नाटक में किसी ने भी अपना पार्ट सही से अदा नहीं किया!' मैं अपना उत्तर सुधारता हूँ और नाटक शब्द पर कुछ अतिरिक्त जोर देता हूँ।

'नाटक का नाम क्या था!'

अब वह हँस रही है। क्योंकि मैंने उसे नाटक का नाम बता दिया है। वह भी अभिनय करते हुए, जैसे कभी हम बचपन में किसी को चिढ़ाने के लिए करते थे।

मैंने अँगूठा (आप ठेंगा भी कह सकते हैं) हिलाकर नाटक का नाम बता दिया है ...टिली ली ली...टिली ली ली...'

सिस्टम की दो कहानियाँ

1

बच्चे बोर हो रहे हैं। 'अंकल खेलिए न!' की रट लगाए बैठे हैं। मैं उनके सामने अपने हथियार डाल देता हूँ। बच्चों की जीत होती है। मैं उनके साथ खेलने लग जाता हूँ।

'चिड़िया उड़!'

मैं उड़ा देता हूँ और वे भी।

'मैना उड़!'

मैं उड़ा देता हूँ और वे भी।

'बुलुबल उड़!'

मैं उड़ा देता हूँ और वे भी।

मैं उनके चेहरे को देख रहा हूँ। मायूसी साफ झलक रही है।

'गाय उड़!'

मैं उड़ा देता हूँ।

वे हँस रहे हैं।

अब मेरी पिटाई हो रही है।

'अंकल आप बिलकुल बुद्धू हैं! गाय कहीं उड़ती है!'

'चटाक!' यह कहते हुए एक बालक मेरे हाथ लाल कर देता है।

'गाय हमारी माता है!'

'चटाक!'

'हमको भी यह आता है! बीच में फिर क्यों लाता है!' मार खाने के बाद मैं कहता हूँ।

बच्चे खिलखिलाकर हँसते हैं।

'यार तुम लोगों ने मिलकर मुझे ट्रैप किया है! जानबूझकर गलती करवाई गई है! तुम सब ने मिलकर मुझे फँसाया है!'

ये सुनकर बच्चे आनन्दित होते हैं।

सजा पूरी होने के बाद एक बार फिर...

'चिड़िया उड़!'

'मैना उड़!'

'बुलबुल उड़!'

'गधा उड़!'

मैं उड़ा देता हूँ। बच्चे खिलखिलाते हैं। वे उत्सुक हैं मेरी पिटाई को। वे बहुत चाव से मुझे खिलाते हैं।

'चटाक!'

'चटाक!'

'चटाक!'

'मैंने सही तो उड़ाया है!' पिटते हुए मैं कहता हूँ।

क्यों अंकल!गधा कहीं उड़ता है!'

'बेटा जी जो गधे होते हैं, वही उड़ते हैं।'

'चटाक!'

बच्चे हँस रहे हैं। वे मान ही नहीं रहे!

2

वहाँ आम आदमी भी था। वहाँ उसे नहीं होना था। बड़े लोगों के बीच उसका क्या काम! जज, अधिकारी, वकील, पुलिस के बीच वह क्या कर रहा!

ओह! यहाँ भी खेल चल रहा है। कौन सा! वही चिड़िया उड़! क्या खेल में वह भी शामिल है! यह तो अब देखने के बाद ही पता चलेगा!

'चिड़िया उड़!

सब उड़ा देते हैं।

'मैना उड़!'

सब उड़ा देते हैं!

'बुलबुल उड़!'

सब उड़ा देते हैं।

'न्याय उड़!'

सभी उड़ा देते हैं। सिवाय आम आदमी के। वहाँ जोरदार ठहाका लगता है। सब बारी-बारी पूरी जिम्मेदारी से उसकी पिटाई कर देते हैं। पीटने के बाद एक बार खेल फिर शुरू होता है!

'चिड़िया उड़!'

'मैना उड़!'

'बुलबुल उड़!'

'नैतिकता उड़!'

सभी उड़ा देते हैं, सिवाय आम आदमी के।

'उड़ाओगे नहीं तो उड़ाए जाओगे बच्चू!' उनमें से कोई बोलता है।

आम आदमी फिर पिटता है। मगर इस बार वह सबक लेता है। खेल एक बार फिर शुरू होता है।

'चिड़िया उड़!'

'मैना उड़!'

'बुलबुल उड़!'

'लोकतंत्र उड़!'

कोई भी अपना हाथ ऊपर नहीं उठाता, सिवाय आम आदमी के।

एक बार फिर वह पीटा जा रहा है।

खेल अभी जारी है...

दद्दा क्यों पिछड़ गए!

दद्दा दनदनाते हुए कमरे में आए। मन उनका खट्टा था। नहीं तो आते ही उनका पहला संवाद यह होता, 'का हाल है बच्चा!'

'दद्दा इस समय!' मैंने पूछा।

'क्यों कोई दिक्कत!' सोफे पर बैठते ही दद्दा बोले।

'नहीं ऐसी कोई बात नहीं! चुनाव का समय है न!'

'अरे काहे का चुनाव!' दद्दा का यह ढंग मुझे अप्रत्याशित लगा।

'क्या बात है दद्दा! सब ठीक तो है!'

'टिकट कट गया बच्चा!' दद्दा किसी तरह से बोले।

'ओह! तभी दद्दा कटे पक्षी की तरह फड़फड़ा रहे हैं!' अब जाकर बात खुली। दद्दा पार्टी के पुराने कार्यकर्ता हैं। पार्टी के लिए पूरी तरह से समर्पित। पार्टी को ही वह देश समझते हैं और आलाकमान के भाषणों को ही अध्यादेश।

'ये तो बहुत नाइंसाफी है! टिकट तो आपको ही मिलना चाहिए था!' मैंने दद्दा की उम्मीदवारी का समर्थन किया। पर दद्दा ने कोई प्रतिक्रिया नहीं दी।

'किसको मिला!' मैंने दद्दा से पूछा।

'उसी हत्यारे को!' दद्दा दन्न से बोले।

मैं समझ गया दद्दा किसकी ओर इशारा कर रहे थे। दद्दा ने बेशक हत्यारा कहा, मगर कानून की भाषा में उनके 'टिकटकटवा' को हत्यारा नहीं कहा जा

सकता था। कोर्ट में उसका मुकदमा अभी चल रहा था।

'बाहुबली तो आप भी हैं!' मैंने दद्दा का मनोबल बढ़ाया।

'हाँ, मगर हमारे ऊपर केस कम है!' दद्दा उदास होकर बोले।

'फिर वह गाँठ का पूरा होगा!'

'तो क्या स्याला हम भिखारी हैं!'

'क्या बात कर रहे हैं दद्दा! मगर वह बोलता धाँसू है!'

'तो क्या हम मिमियाते हैं। भूल गए पाटा नाला और नाका...' दद्दा आक्रामक होकर बोले।

मैं ठीक-ठीक समझने की कोशिश कर रहा था कि दद्दा की किरपा कहाँ रुकी हुई थी। पर दद्दा आक्रामक हो रहे थे।

'नहीं दद्दा कैसे भूल सकता हूँ, सवाल ही नहीं उठता! आपके भाषण के बाद यहीं तो बलवा हुआ था...'

यह सुनते ही दद्दा का बुझा हुआ चेहरा कुछ रोशन हुआ।

'आपने फिर आलाकमान की परिक्रमा नहीं की होगी!' मैंने असल बात का सिरा पकड़ने की कोशिश की।

'क्या बकलोली कर रहे हो तब से!' दद्दा अचानक भड़के। 'सर से पाँव तक पॉलिटिक्स में धँसा हूँ!' दद्दा के तेवर देख मेरी घिग्घी बँध गई।

'अब तुम हमें सिखाओगे कि पॉलिटिक्स कैसे की जाए!'

'नहीं दद्दा!' मैं हिचकिचाते हुए बोला।

'मक्खन, तेल, साबुन, पानी, खून, पसीना...लाठी, छुरी, तमंचा, जात, धरम, बिरादरी सब लगा दिया। परिक्रमा से पराक्रम तक कुछ नहीं छोड़ा, मगर मानना पड़ेगा टिकटकटवा को!' दद्दा सोफे से उठे और कुछ दूर चलने के बाद वापस आकर फिर बैठ गए।

'मुझे तो अभी भी यकीन नहीं हो रहा दद्दा कि आपको टिकट नहीं मिला!'

'यार तुम्हें अब क्या बताएँ!' दद्दा अपनी दाढ़ी खुजाते हुए बोले।

'बताइए न दद्दा! बताने से दिल का बोझ हल्का हो जाएगा!' मैंने दद्दा को सान्त्वना दी।

'बोझ क्या हल्का होगा...फिर भी सुनो!' दद्दा सोफे से उठे और कमरे में टहलने लगे। थोड़ी देर वह अनमने से रहे। उसके बाद दद्दा ने अपनी कहानी सुनाई...

तुम्हें बताएँ कि हमारे आलाकमान पान खाने के बहुत शौकीन हैं। यह बात हम भी जानते थे, मगर यह नहीं जानते थे कि हमारे टिकट के रास्ते में यह पान पहाड़ बनकर खड़ा होगा! चुनाव का साल आते ही हम अपने क्षेत्र में काम कर रहे थे और टिकट के लिए जान लड़ा रहे थे। फिर हमारे सूत्रों ने हमें बताया कि हमारा प्रतिद्वंद्वी रोज आलाकमान को पान की सप्लाई करता है। फिर क्या था...अगले दिन हम पान लेकर आलाकमान के दरबार में हाजिर हो गए। हम वहाँ क्या देखते हैं कि दद्दनवा पहले से बैठा हुआ है और आलाकमान पान चबा रहे हैं। हमने हिम्मत करके उनकी तरफ अपना पान बढ़ाया तो दद्दनवा जोर से हँसा और बोला, 'यह कौन सा पान खिला रहे हो!' हम सकपका गए। दद्दनवा आगे अकड़कर बोला, 'आलाकमान ऐसा पान नहीं खाते हैं...' अब काटो तो खून नहीं। हमने अपने को खूब धिक्कारा! जमीन से जुड़े मुद्दे को पकड़ने में हमसे चूक कैसे हो गई! दरबार से निकलते ही अगले ही पल हमने सब पता कर लिया। आलाकमान किस दुकान से पान खाते हैं। उनके पान में क्या-क्या पड़ता है। हेन-तेन सब...फिर क्या था! अगले दिन हम भी उसी दुकान से उनके पसन्द का पान बनवा के पहुँच गए। इस बार हम बहुत खुश हुए कि आलाकमान हमारा लाया हुआ पान खा रहे थे और दद्दनवा बैठा जल रहा था। इधर आलाकमान के होंठ लाल हो रहे थे, तो उधर दद्दनवा का मुँह। गुरु कसम से! उस वक्त हमको बहुत मौज आ रही थी! फिर आलाकमान को पीक निस्तारण की तलब हुई। हम क्या देखते हैं कि 'दद्दनवा लपककर पीकदान उठा लाया और आलाकमान के मुँह से सटा दिया। यह देखकर हम थूक सटक लिये। बेशक पान हम लाए थे, मगर एक बार फिर दद्दनवा बाजी मार ले गया। स्याला हम फिर पिछड़ गए...'

दद्दा टहलते हुए फिर सोफे पर बैठ गए। थोड़ी देर चुप रहे। फिर बोले...

हम एक बार फिर पान लेकर आलाकमान के घर पहुँचे। इस बार हमने तय किया, चाहे जो हो, पीकदान उठाने में हमारा ही अवदान होगा। आलाकमान जब बहुत चाव से पान चबा रहे थे, तब हमारी निगाह पीकदान पर ही लगी हुई

थी। चबाते-चबाते आखिर वह घड़ी भी आई। पीकदान उठाने के लिए हम झन्न से लपके। हम पीकदान अभी उठाए ही थे कि क्या देखते हैं...

यह कहकर दद्दा थोड़ी देर के लिए चुप हो गए। मैंने उनके मुँह को देखा। कुछ अलग ढंग से उनका मुँह बन रहा था।

फिर बोले...

हमने देखा कि दद्दनवा ने आलाकमान का पीक अपने चुल्लू में ले लिया और हम पीकदान पकड़े के पकड़े ही रह गए। इस बार स्याला हम फिर पिछड़ गए। मगर हमने भी हार नहीं मानी। मन-ही-मन ठान लिया कि अगर टिकट लेना है गुरू, तो हमें पीकदान के चक्कर में नहीं पड़ना है। फिर क्या...हमने कसके कमर कस ली। अगले दिन हम पान लेकर पहुँच गए। आलाकमान की शान में पान पेश किया। आलाकमान मजे लेकर पान खाने लगे। दद्दनवा हमें देख मुस्काता रहा। मगर हम अपना होंठ दबाए अपने लक्ष्य पर फोकस किए बैठे थे। हमें आलाकमान के थूकने का इन्तजार था। थोड़ी देर बाद आलाकमान पीक को अपने काले धन की तरह ठिकाने लगाने के लिए अपना भरा मुँह इधर-उधर घुमाया। अभी हम अपने हाथों को जोड़ ही रहे थे कि हम क्या देखते हैं...

'क्या दद्दा!' मेरे मुँह से निकल ही गया।

'कि दद्दनवा अपना मुँह खोले बैठा है...'

दद्दा अपनी आपबीती सुनाकर तो चुप हो गए, पर मेरा मुँह खुला का खुला रह गया...

वर्ण और माला के बीच कितने शब्द!

दृश्य : एक

एक स्मार्ट सिटी। उसमें एक बड़ा-सा मैदान। झाड़ा-पोंछा हुआ। साफ-सुथरा किया हुआ। मैदान को बुहारकर कूड़े-करकट के साथ पिछली रैली के पुराने सारे शब्दों को भी बाहर फेंक दिया गया। मैदान के बाहर सड़क पर यत्र-तत्र-सर्वत्र पुराने शब्द बिखरे हुए हैं। नेता की गाड़ी सायरन बजाते हुए साँय से आई और उन्हें रौंदते हुए मैदान में घुस गई।

दृश्य : दो

अब बड़े-से मैदान में बड़ा-सा मंच और मंच पर एक बड़ा-सा नेता। नेता का गला भर आया है। साँपों की तरह जिन्हें फूल की मालाओं ने जकड़ा है। नेता मंचासीन है। मौसम रंगीन है। रैली को कवर करने वाले रिपोर्टरों का समवेत स्वर में कहना है कि 'वाह, क्या सीन है!'

दृश्य : तीन

कुछ समय बीता। नेता ने मुँह खोला। शब्द झरे। झर्र से मंच पर बिखर गए। पब्लिक ने ताली बजाई। नेता ने भंगिमा बदली। हाथ झटका। शब्द छिटके। पब्लिक ने ताली बजाई। नेता ने भाव बदले। कुर्ता झाड़ा। शब्द गिरे। पब्लिक ने ताली बजाई।

दृश्य : चार

कुछ पल में ढेर सारे शब्द। शब्दों का ढेर लग गया मंच पर। अब शब्द मंच से नीचे लुढ़क रहे हैं। पब्लिक उठाने लगी है। कुछ चुनने लगे हैं। तो कुछ दोनों हाथों से बटोरने लगे हैं। मगर शब्द हैं कि कम होने का नाम ही नहीं लेते। कुछ की जेबें भर गईं। कुछ के झोले भर गए। और कुछ के बटुए। कुछ ने तो खा भी लिये। और कुछ ने तो पचा भी लिये। हर तरफ शब्द ही शब्द। शब्द ही शब्द। शब्दों का हरहराता समुन्दर। न ओर। न छोर।

दृश्य : पाँच

कुछ पल बीता। मंच पर शब्दों का ढेर ऊँचा हुआ। और ऊँचा होता गया। ऊँचा होते-होते ढेर अचानक भरभरा के मंच से गिर गया। देखते ही देखते कई लोग ढेर हो गए। भगदड़ मची। कुछ और मरे। शिनाख्त के लिए उनकी जामा तलाशी हुई।

दृश्य : छह

एक के कमीज की जेब से 'ध', दूसरे की पैंट की जेब से 'र' तो तीसरे के झोले में से 'म' पाया गया। तो वहीं चौथे के बटुए से 'ज', पाँचवें के पाजामे से 'आ' और छठे की पगड़ी से 'त' निकला।

दृश्य : सात

इस घटना से नेता बहुत आहत हुआ। उसकी आँखों से शब्द टपके। वे शब्द अखबारों में 'नेताजी ने मरने वालों को शहीद कहा' कुछ यूँ दर्ज हुए। वे शब्द जब मरने वालों के परिवारों के पास पहुँचे तो उन्होंने नेताजी को खूब सराहा।

दृश्य : आठ

अगले ही दिन नेता ने दिवंगत की आत्मा की शान्ति के लिए शोक सभा रखी। माला चढ़ी हुई मृतकों की फोटो। फोटो पर फूल चढ़ाए गए। और उनके लिए दो मिनट का मौन रखा गया।

दृश्य : नौ

मृतकों की आत्माएँ धरा से जब कूच कर रही थीं तब...

पहली आत्मा : विश्वास नहीं होता हम शब्द से मर गए!

दूसरी आत्मा : न, हम शब्द पर मर गए!

तीसरी आत्मा : देह भी अक्षर की भाँति अनश्वर होती है!

चौथी आत्मा : वर्ण और माला के बीच झूलते हुए हम किंचित एक शब्द बनकर रह गए!

पाँचवीं आत्मा : हम सारी जिन्दगी बस व्यंजन ही बने रहे!

छठी आत्मा : क्योंकि हमने कभी स्वर बनने की कोशिश नहीं की!

बैल

'अभी और कितना चलेंगे!' गोरे बैल ने दो टूक पूछा।

'मैं क्या जानूँ! काले बैल ने दो टूक जवाब दिया।

दोनों बैल कल रात से ही चले जा रहे थे।

'देख तू आगे-आगे न चल!' काला बैल गुस्से से बोला। गोरे बैल ने कनखियों से उसे देखा।

'तू बहुत चालू है रे! आगे-आगे चलता है और गाड़ी का सारा वजन मुझ पर आ जाता है!' काले बैल ने शिकायत की।

'देख तू है जनता और मैं हूँ नेता!' गोरे बैल ने मस्ती में कहा।

काले बैल ने अपनी रफ्तार बढ़ाई।

'मेरी जान! समझाकर! नेता लोग पब्लिक से क्यों कहते रहते हैं कि आगे बढ़ो, आगे बढ़ो!' गोरे बैल ने गर्दन हिलाते हुए पूछा।

'क्यों!'

'वे खुद आगे बढ़ जाते हैं और देश का भार जनता ढोती है!' अब काला बैल उसकी बराबरी में आ चुका था।

गर्मी बढ़ने लगी थी।

'तो तेरे हिसाब से जनता बैल है!' काले ने पूछा। पर गोरे बैल ने इसका कोई जवाब नहीं दिया।

'बोल! बोल!' काले बैल ने फिर पूछा।

'यह तो जाँच का विषय है!' गोरा बैल यह कहकर मुस्कुराया।

सड़क खत्म होने का नाम न लेती थी।

काला बैल हँसा। बोला, 'खूब घूमा-फिरा कर बातें करता है, अगर तू राजनीति में होता तो बेटा पक्का बहुत बड़ा नेता होता!'

'जैसे अभी बहुत बड़ा बैल हूँ, वैसे न!'

गोरे बैल का यह जवाब सुनकर काला बैल खिलखिलाकर हँसा।

दोनों अब तक काफी दूरी तय कर चुके थे।

'अगर मैं नेता होता तो पूरे देश को जोतकर रख देता।' गोरा बैल बोला।

'रहे न तब भी बैल के बैल ही!' काले बैल का यह कहना ही था कि गोरा बैल अपनी रफ्तार बढ़ाकर आगे बढ़ गया। काला बैल समझ रहा था कि यह जानबूझकर बदमाशी कर रहा है। वह मन-ही-मन मुस्कुराया और बोला, 'ओए नेताजी आपकी बदमाशी अब नहीं चलेगी, जनता समझदार हो गई है!' यह कहकर उसने अपनी रफ्तार बढ़ा दी।

उन्हें खाए हुए काफी घंटे बीत चुके थे।

'मालिक ने कभी ऐसा नहीं किया था!' काला बैल बोला।

'आजकल मालिक भी लापरवाह हो गए हैं!' गोरा बैल आसमान को देखते हुए बोला।

'पता नहीं...आजकल मालिक के दिमाग में क्या चला करता है!' काले बैल के स्वर में उदासी थी।

'तू दिमाग तक पहुँच गया! मेरा ध्यान तो पेट के ऊपर जाता नहीं!' गोरा बैल अपने नथुने फुलाकर बोला।

'तू भी पक्का बैल है!'

'न भाई! गरीब हूँ!'

'गरीब तो मैं भी हूँ!'

'तभी तू बैल है!'

अब दोनों को भूख सताने लगी थी।

'भाई! आजकल नेता ये क्यों कहता रहता है कि सारा विश्व हमारी ओर देख रहा है!' काले बैल ने भूख से अपना ध्यान हटाने के लिए पूछा।

'ताकि हम ये न देख सकें कि वह हमारी ओर नहीं देख रहा!' गोरे बैल ने उत्तर दिया।

तभी मालिक ने रस्सी खींची। 'हऔ हऔ' बोला और दोनों रुक गए।

'लग रहा है भोजन मिलेगा!' गोरा बैल चहककर बोला।

'हाँ, समय भी बहुत अधिक हो चुका है!' काले बैल की आँखें उम्मीद से चमकीं।

मालिक गाड़ी से उतरा और कहीं चला गया। उसका परिवार जिसमें उसकी पत्नी और एक बच्चा था, बैठे रहे। बच्चा रो रहा था। दोनों बैल खड़े रहे। समय बिताए न बीतता था। बारी-बारी से दोनों ने मूता। दोनों बैलों की प्रतीक्षा की अवधि बढ़ती जा रही थी। भूख-प्यास से बेहाल हो रहे थे।

'मालिक कैसा बेरहम हो गया है! हमारा नहीं तो कम-से-कम अपने बच्चे का तो खयाल करे!' गोरा बैल गुस्से से बोला।

'बेरहम तो नहीं बेदम लग रहे हैं!' काला बैल कुछ सोचते हुए बोला।

'बेदम तो हम हुए जा रहे! पैर हमारे घिस रहे हैं! उनका क्या है! बैठकर अपना पिछवाड़ा मोटा कर रहे हैं सरकार!' भूख संयम छीन लेती है।

'नहीं, अपने मालिक और जैसे नहीं हैं!' काले बैल ने प्रतिवाद किया। गोरा बैल अपने पैर इधर-उधर पटकने लगा।

'देख अपने मालिक के पास पैना रखा हुआ है, मगर आज तक उसका इस्तेमाल नहीं किया!' काले बैल ने उसके गुस्से को शान्त करने की कोशिश की।

'तू तो ऐसे बखान कर रहा है कि पैना न होकर हमारे लिए पैकेज हो!' गोरा बैल गुस्से से बोला।

'हैं! क्या-क्या है!' काले बैल को कुछ समझ नहीं आया। गोरे बैल ने भी उसे समझाने की कोई जहमत न की।

बहुत प्रतीक्षा के बाद उनका मालिक आता दीखा। साथ उसके एक बूढ़ा

और एक किशोर भी आते दीखे।

वे सभी बैलों के पास आए। कुछ बातें कीं। बूढ़े ने बैलों को निहारा। फिर वे लोग किनारे जाकर बातें करने लगे।

'क्या बात हो रही है!' काले बैल ने पूछा।

'ये बातों से हमारा पेट भर रहे हैं!' यह कहकर गोरा बैल जुगाली का अभिनय करने लगा।

तभी मालिक काले बैल के पास आया और उसे जुए से खोल दिया। उसके साथ आए किशोर ने काले बैल की रस्सी पकड़ी और खींचते हुए अपने साथ ले जाने लगा। उसके पीछे-पीछे बूढ़ा चल रहा था। अब यह बात न काले बैल को हजम हो रही थी, न गोरे बैल को।

हालाँकि दोनों समझ तो गए थे कि उनके साथ क्या हो रहा है। लेकिन अभी तक वे यह समझ नहीं पाए थे ऐसा क्यों हो रहा है। दोनों बैल जुदा हो गए। दोनों की जुगलबन्दी टूट गई। कितने सावन कितने भादों साथ निकाले। मेला-ठेला साथ गए। मिलकर बोझ उठाया। सड़कों पर चले। खेतों में घूमे। कभी अपने सींगों को लड़ाया तो कभी खूँटे से तुड़ाया। जीवन के सारे रंग दोनों ने साथ देखे। काला बैल अब स्मृतियों में था और भूसा गोरे बैल के सामने जो मालिक ने अभी-अभी डाला था। कई घंटों का भूखा बैल भूसे पर टूट पड़ा वह जल्दी-जल्दी खाता जाता था और आँखों से अश्रुधारा निकलती जाती थी।

कितनी बातें थीं, जो उसे अपने यार को बतानी थी। कितना भोला था वह! पॉलिटिकल सेंस तो रत्ती भर न था! कितना चाहता था उसे, कभी कहा ही नहीं! वह जानबूझकर बदमाशियाँ करता था ताकि वह गुस्सा हो! जब वह गुस्सा करता था, तो लगता था कोई अपना है। जीवन में भावनाओं को तुरन्त ही खर्च कर देना चाहिए! क्योंकि बेढंगी जिन्दगी के हाथ में 'पैना' होता है, तुम्हें वह अपने ढंग से चलने नहीं देती। गोरा बैल दुख और अपराधबोध से मरा जा रहा था...न जाने कहाँ और किस हाल में होगा उसका यार!

अचानक जुआ उठा गोरे बैल को लगा कि उसका यार आ गया। उसने जब तिरछी नजर से देखा तो उसके पाँव तले की जमीन खिसक गई। उसे अपनी आँखों

पर विश्वास न हुआ। ओहो! तो यार की कुर्बानी के कारण ही मेरे लिए भोजन का प्रबन्ध हो सका! उसकी पूँछ को मालकिन ने दबाया। वह चल पड़ा। अब मालिक ही उसका जोड़ीदार था। वह अब काले बैल की जगह था। दोनों की आँखों से आँसू झर रहे थे। बैल जानता था कि निश्चय ही उसका मालिक कठोर परिश्रम करने के कारण नहीं रो रहा है। वह जानता था उसने अपना एक अंग बेचा है। दोनों संग- संग चले जा रहे थे। बैल सामने देखता। उसकी हिम्मत न होती थी कि वह अपने जोड़ीदार पर एक नजर मार ले। वह पहले से ज्यादा सावधान हो गया था। वह सँभलकर चल रहा था। कहीं मालिक से आगे न हो जाए! उसे महसूस हुआ कि उसका यार उसके कान में कह रहा है, 'ओए नेताजी आपकी बदमाशी अब नहीं चलेगी, जनता समझदार हो गई है!' वह कलप उठा। वह बहुत कुछ अपने मालिक से भी कहना चाह रहा था, मगर कह नहीं सकता था। उसे बहुत कुछ अपने दोस्त से कहना था, मगर अब वह था नहीं। रह-रह कर उसकी बड़ी-बड़ी काली आँखों से मोटे-मोटे आँसू ढलक जाते थे।

बैल की अब तक की यात्रा में यह सबसे अलग यात्रा थी।

चलते-चलते गाड़ी रुक गई, क्योंकि मालिक रुक गया था। उसकी साँस धौंकनी की तरह तेज चल रही थी। पसीना कहाँ से आता था, कहाँ जाता था, पता न चलता था! मैं गाड़ी चला रहा हूँ और मालिक जिन्दगी ढो रहे हैं! मालिक का हाल देख बैल ने सोचा।

मालकिन ने बैल और मालिक को गुड़ दिया। बारी-बारी से दोनों को पानी पिलाया। यह पहली बार हुआ था कि गुड़ मिलने के बाद वह कुलाँचें नहीं भरा था। गुड़ उसे बेहद पसन्द था।

सुस्ताने के लिए वे यहाँ रुक गए। सड़क काफी चौड़ी थी, मगर लोगों से भरी थी। सड़क के किनारे पेड़ों की कतार थी। पास में एक नहर थी। आसपास कुछ दुकानें थीं, जो खुली हुई थीं। शायद इसलिए यात्रीगण यहाँ रुककर दम ले रहे थे। मगर उन्हें देखकर ऐसा लगता था सबको कहीं से उजाड़ दिया गया हो। वे समय की नोक पर बैठे चले जा रहे। सबकी अपनी-अपनी कहानी थी। अपना-अपना मुकद्दर था। लेकिन सभी कहानियाँ मुकद्दरों के साथ एक चौराहे पर आकर मिल

जाती थीं, जिसका नाम था दर्द! उनकी बातों में लक डाउन, किरौना, सरकार, भूख, भगवान जैसे शब्द गुँथे हुए थे। बैल सबको देख रहा था। और तुलना कर रहा था कि इस वक्त वह दयनीय है या ये लोग।

अचानक उसे उठने का इशारा हुआ। वह उठ खड़ा हुआ। खड़ा हुआ तो उसे चक्कर आ गया। उसकी दृष्टि से सब ओझल हो गया। उसे लगा कि अचानक बवंडर उठा। उसे कुछ भी सुनाई-समझना बन्द हो गया। एक-एक करके लोगों की भीड़ उसके पास इकट्ठी हो गई। उसका मालिक कब से कह रहा था कि आगे बढ़। 'तक! तक! तक!' चल! मगर वह जड़ था। अभी तक पैना जो पैकेज की तरह सुरक्षित रखा हुआ था। उस पैने का इस्तेमाल किया जा रहा था। पर वह टस-से-मस नहीं होता था। काला बैल होता तो वह कहता, 'यार आगे कैसे बढ़ूँ, जब मालकिन जोड़ीदार बनी हो!' मगर वहाँ उसका यार नहीं था, जो उसके मन की बात समझता!

सामान्य-सी बात

लाश बीच सड़क पर न जाने कब से पड़ी थी। लोग आ-जा रहे थे। अचानक लाश उठी और चलने लगी। यह देखकर लोग जड़ हो गए। लाश ने एक राहगीर से पूछा, 'तुम जड़ क्यों हो गए?'

'यह सब असामान्य है!' राहगीर असहज होते हुए बोला।

'और हत्या होना!'

'अब तो सामान्य है!'

'बूढ़े की हत्या!' लाश ने पूछा।

'इसमें क्या विशेष है! सामान्य है!' राहगीर ने हैरत से लाश को देखा।

'जवान की हत्या!'

'सामान्य!'

'औरत की हत्या!'

'बिलकुल सामान्य!'

'बच्चे की हत्या!'

'आजकल तो यह भी सामान्य हो गया!'

'और दिन-दहाड़े हत्या!'

'सामान्य ही है भई! आखिर तुम्हारी समस्या क्या है!' राहगीर झल्लाया।

जवाब सुनकर लाश खामोश हो गई।

'अब मैं कुछ पूछूँ!' राहगीर बोला।

'पूछो!' लाश ने अनुमति दी।

'तुम चलने कैसे लगी!'

'ओह! नहीं! नहीं! नहीं!'

'क्या हुआ!'

'तुमने ये नहीं पूछा कि मैं लाश कैसे बनी!'

'ये तो सामान्य बात है!' राहगीर मुस्कुराते हुए बोला।

लाश काँपी और धड़ाम से गिर गई।

रील से रियल तक

भीड़ में फँसा हूँ। मैं बगलवाले से पूछता हूँ, 'कौन है ये!' उत्तर देने से पहले वह मुझे घूरना जरूरी समझता है। कुछ देर बाद बोलता है, 'हीरो है!'

'हाँ, देखा हुआ तो लग रहा है!'

वह मुझे फिर घूरता है। 'फिर काहे पूछे!' बोलता है।

'जरा कन्फर्म कर रहा था!'

उसने मेरी इस बात पर कान न धरा।

मैं देखता हूँ। एक खुली जीप पर फिल्मी हीरो खड़ा है। काला चश्मा लगाए। गले में मालाएँ लदी हुईं। चेहरा बिलकुल लाल कश्मीरी सेब के माफिक। वह कभी दाएँ, तो कभी बाएँ देखता। हाथ हिलाता। हाथ जोड़ता। मुस्कुराता।

'किसी फिल्म का प्रमोशन है क्या!' मैं बगलवाले से पूछता हूँ।

'पार्टी ज्वाइन की है।'

'इलेक्शन में खड़ा हो रहा है!'

'अऊ का!'

मैं अपने इर्द-गिर्द भीड़ को देखता हूँ। मुझे भीड़ के कारण रोड से लेकर एरिया तक हाउसफुल दिखता है।

'एक्टिंग तो कुछ खास नहीं करता...' मैं कहता हूँ।

'पर इलेक्शन जीत जाएगा!'

'इसकी एक के बाद एक कई फिल्में फ्लॉप रहीं।'

'मगर पॉपुलर तो है!'

मैं उसके द्वारा कहे इस जुमले पर गौर करने लगता हूँ। कोई कलाकार बिना कला के सफल हो सकता है क्या! लोकप्रियता के आगे सारे मानक फेल हो जाते है! लोकप्रियता क्या आपके काम को स्तरीय और श्रेष्ठ बना देती है! तो क्या यह माना जाए कि लोकप्रियता के घाट पर विशेषज्ञता से लेकर योग्यता तक सब पानी पीने आते हैं!

'कौन सी पार्टी ज्वाइन की है!' मैं पूछता हूँ।

'दिख नहीं रहा!' वह मुझे बिना देखे जवाब देता है।

'कुछ कन्फ्यूजन हो रहा है!'

वह कोई जवाब नहीं देता है।

लोगों के साथ मैं भी हीरो को देख रहा हूँ। उसे देखकर लोग बहुत उत्साहित हो रहे हैं। वे चिल्ला रहे हैं। उसका नाम ले रहे हैं।

'ये हैंडपम्प वाली कौन सी पार्टी है!' मैं पूछता हूँ।

वह मुझे घूरता है। फिर बोलता है, 'अरे यार इसने फूल वाली पार्टी ज्वाइन की है। झंडा नहीं देख रहे हो!'

'तो हैंडपम्प क्यों रखा है!'

एक्टर जो रील से निकलकर अब रियल में आ रहा था, उसने अपने बगल में हैंडपम्प का नमूना रखा हुआ है।

'फिल्म में देखा नहीं, पाकिस्तान में जाकर हैंडपम्प उखाड़ता है!' वह झुँझलाते हुए बोलता है।

'वो तो फिल्म में था न!'

तभी एक्टर दोनों हाथों से हैंडपम्प को उखाड़ता है। उसके इस एक्शन से पब्लिक पागल हो जाती है। हर्षोल्लास की लहर दौड़ जाती है।

हैंडपम्प यहाँ क्यों है? मैं सोच में पड़ जाता हूँ। फिल्म में उखाड़ा था। उसने सच में थोड़े न उखाड़ा था। यहाँ उसका क्या काम! क्या रियल में हीरो हैंडपम्प को उखाड़ देगा! चलो एक बार को मान भी लेते हैं कि वह उखाड़ देगा तो उसके

भुजबल का राजनीति में क्या काम! कहीं यह रील का रियल बनाने की कोशिश तो नहीं! आज हर कहीं यही रील चलाई और दिखाई जा रही है। सत्यमेव जयते को मूक फिल्म बनाकर संग्रहालय के लिए आरक्षित कर दिया गया है। मिथक को तथ्य की तरह से पेश करना और तथ्य को मिथक बना देना। वर्तमान से पलायन करने की इससे बड़ी युक्ति और क्या हो सकती है भला! राजनीति अपनी सुविधानुसार कोई न कोई बिजूका खड़ा कर देती है और हम हिन्दुस्ताँ के बुलबुल उसे सच मान लेते हैं। तभी तो रोटी के सवाल पर नेता गर्व खिला देता है तो नौकरी के सवाल पर वह कोई डर दिखा देता है।

'हैंडपम्प यहाँ क्यों लाया!' मैं पूछता हूँ।

'बताया तो अभी, फिल्म में था!'

'फिल्म में उखाड़ा है, तो क्या संसद में हैंडपम्प लेकर जाएगा!'

बगलवाला कुछ सोच में पड़ जाता है। मेरे लिए इस हाहाकारी समय में यह राहतकारी बात है। नफरत के आगे ही नहीं ग्लैमर के आगे भी प्राय: हमारी सोच मर जाती है।

'शहर में पानी की समस्या के बारे में इसके क्या विचार हैं!' मैं पूछता हूँ।

तभी हीरो अपनी फिल्म का एक संवाद बोलता है। भीड़ पागल हो जाती है। मैं सोचता हूँ कि जीतने के बाद क्या संसद में इसी तरह से दहाड़ेगा!

'क्या यह कई आदमियों से लड़ेगा भी! फिल्मों में तो लड़ता है!' मैं पूछता हूँ।

'वहाँ वो गुंडों से लड़ता है!'

'जहाँ जाने की सोच रहा है और जिस पार्टी में है, वहाँ क्या लड़ेगा! वहाँ इसके लिए बहुत स्कोप है!' मैं पूछता हूँ।

वह मुझे देखता है। 'गुंडों से सभी हीरो लड़ते हैं, मगर हैंडपम्प इसने उखाड़ा है! बहुत हिट सीन है!'

अब मैं उसे देखता हूँ। हिट है तो फिट है। भले ही वह शिट हो!

'देखते हैं राजनीति में क्या उखाड़ते हैं!' मैं बोलता हूँ।

वह मुस्कुराता है। मुझे अच्छा लगा। शायद मेरी बात उसे समझ में आ गई।

'यहाँ पॉलिटिक्स में कौन उखाड़ने आता है, सब तो जमने आते हैं!'

तो बात यहाँ तक पहुँच गई है! राजनीति चाहती ही नहीं कि आप उससे कोई उम्मीद करें। ताकि नैतिकता के दायरे से वह खुद को मुक्त रख सके। खुद को स्वच्छन्द रखने की राजनीति की बराबर यह कोशिश रहती है। इसलिए उसे संविधान तक भी खटकता है।

'लेकिन इस बार चुनौती बड़ी है!' मैं कहता हूँ।

'जीत जाएगा!'

'मैं एक्टिंग की बात कर रहा हूँ!'

'पॉलिटिक्स में उसे कौन-सी एक्टिंग करनी है?' वह झटके से बोल जाता है। दूसरे पल वह मुस्कुरा देता है।

खड़े-खड़े मेरे मन में एक फिल्म चलने लगती है।

हैंडपम्प उखाड़ने के बाद हीरो कोल्ड ड्रिंक पीने लगता है, फिर वह साफ पानी के लिए वाटर प्यूरीफायर का विज्ञापन करता है और रात को किसी खास ब्रांड की शराब पीने को कहता है।

मैं अपनी यह छोटी-सी फिल्म बगलवाले को बताता हूँ। वह 'पागल' कहकर अपनी जगह बदल लेता है।

मैं देख रहा हूँ कि मुद्दे की बात को फिल्मी संवादों ने रिप्लेस कर दिया है। सत्य को कहानियों ने आच्छादित कर लिया है।

राजनीति जैसे-जैसे खोखली होती जाएगी, रील और रियल का भेद उतना ही मिटता जाएगा। पब्लिक को भीड़ बनाने की यह कवायद काफी सफल दिख रही है इन दिनों!

लेखक, नेता और आम आदमी

आज बहुत दिनों बाद वह कुछ लिखने बैठा और उसने लिखना शुरू किया...

एक टॉक शो में एंकर ने लेखक से पूछा, 'आपके हिसाब से सबसे बड़ा आविष्कार क्या है?'

'कलम!' लेखक ने जवाब दिया।

एंकर ने पूछा, 'कैसे?'

'नि:सन्देह लिखने हेतु...'

'सॉलिड रीजन!' एंकर मुस्कुराया।

एंकर ने फिर नेता से पूछा, 'आपके हिसाब से सबसे बड़ा आविष्कार...'

'माइक!' नेता ने सवाल पूरा होने से पहले जवाब दे दिया।

एंकर ने पूछा, 'कैसे!'

'भाषण का फिर मजा न आता!'

'वेल सेड!' एंकर मुस्कुराया।

'और आपके हिसाब से सबसे बड़ा आविष्कार क्या है?' एंकर ने अब आम आदमी से पूछा।

'माचिस!'

'माचिस!'

'हाँ, दियासलाई!' आम आदमी ने एंकर को स्पष्ट किया।

'कैसे?' एंकर ने पूछा।

'बीड़ी जलाने के काम आता है जी।' आम आदमी ने जवाब दिया।

इस लघुकथा का शीर्षक 'अपनी-अपनी तलब' रखने के बाद उसने महसूस किया कि उसे नई कथा लिखनी चाहिए, जो प्रगतिशील हो! उसने फिर लिखना शुरू किया...

एक टॉक शो में एंकर ने लेखक से पूछा, 'आपके हिसाब से सबसे बड़ा आविष्कार क्या है?'

'मेरे हिसाब से कॉपी, कट, पेस्ट सबसे बड़ा आविष्कार है।' लेखक ने जवाब दिया।

एंकर ने पूछा, 'कैसे?'

'माल कहीं से उठा लो और कहीं चिपका दो...इससे लिखने में बहुत आसानी हो गई है।'

'वेरी सॉलिड रीजन!' एंकर मुस्कुराया।

एंकर ने फिर नेता से पूछा, 'आपके हिसाब से सबसे बड़ा आविष्कार...'

'नोट गिनने की मशीन!' नेता ने सवाल पूरा होने से पहले जवाब दे दिया।

एंकर ने पूछा, 'कैसे!'

'ये विज्ञान का अद्‌भुत आविष्कार है। कैसे कोई यंत्र पलक झपकते ही करोड़ों के नोट गिन देता है! अगर थूक लगाकर गिनें तो जुबान सूख जाए और अँगूठा सूज जाए!'

'व्हाट अ स्ट्रांग रीजन!' एंकर मुस्कुराया।

'और आपके हिसाब से सबसे बड़ा आविष्कार क्या है?' एंकर ने अब आम आदमी से पूछा।

'माचिस!'

'कैसे!' एंकर ने पूछा।

'इससे किताब और रुपये में आग लगाई जा सकती है!' आम आदमी ने जवाब दिया।

वह इस लघुकथा का शीर्षक सोच ही रहा था, उसे लगा कि इस कथा को दूसरी तरह से भी लिखा जा सकता है! उसने लिखना शुरू किया...

एक टॉक शो में एंकर ने लेखक से पूछा, 'आपके हिसाब से सबसे बड़ा आविष्कार क्या है?'

'मेरे हिसाब से छापाखाना!' लेखक ने जवाब दिया।

'यू मीन प्रिंटिंग प्रेस!' एंकर ने कन्फर्म करना चाहा।

'यस!' लेखक ने कन्फर्म किया।

एंकर ने पूछा, 'कैसे?'

'किताब प्रकाशित होती है!'

'गुड!' एंकर मुस्कुराया।

एंकर ने फिर नेता से पूछा, 'आपके हिसाब से सबसे बड़ा आविष्कार ...'

'छापाखाना!' नेता ने सवाल पूरा होने से पहले जवाब दे दिया।

एंकर ने पूछा, 'कैसे!'

'छापाखाना न होता तो नोट कैसे छपता!'

'वेरी-वेरी स्ट्रांग रीजन!' एंकर मुस्कुराया।

'और आपका मेमोरेंडम...पार्टी का घोषणापत्र कैसे छपता है सर!' शो को इंट्रेस्टिंग करने की गरज से एंकर ने बात आगे बढ़ाई।

'हाँ वो भी!' नेता उबासी लेते हुए बोला।

'और आपके हिसाब से सबसे बड़ा आविष्कार क्या है?' एंकर ने अब आम आदमी से पूछा।

'माचिस!'

'माचिस!'

'नहीं-नहीं, छापाखाना' अचानक आम आदमी ने अपना उत्तर बदला।

'क्वाइट इंट्रेस्टिंग! तीनों के उत्तर एक जैसे पाकर एंकर को मजा आ गया।

'कैसे!' एंकर ने पूछा।

'उससे देश का नक्शा छपता है साहिब!' आम आदमी ने जवाब दिया।

साँपों की सभा

'तुममें जहर नहीं है, इसलिए तुम कमजोर हो!' साँप ने चूहे से कहा।

'जिसके अन्दर जहर होता है दुनिया उसकी इज्जत करती है...उनका सिक्का चलता है।'

'आज तुम्हारा जहर ही तुम्हारे लिए अमृत है!'

चूहा ध्यान से सब सुनता रहा।

'जब तुम्हारे पास जहर होगा, तभी लोग तुमसे डरेंगे!' साँप शान्त स्वर में बोला।

चूहे को बात समझ में आई।

'फिर मुझे क्या करना चाहिए!' चूहे ने पूछा।

'सीधी-सी बात है...तुम्हें अपने अन्दर जहर पैदा करना चाहिए!'

'वह सब तो ठीक है, मगर अपने अन्दर जहर कैसे पैदा करूँ!' स्पष्ट था कि चूहा हर हाल में समाधान चाहता था।

'तुम चाहो तो मैं तुम्हारी मदद कर सकता हूँ!' साँप ने मदद की पेशकश की।

'कैसे!'

'चाहो तो मुझसे जहर ले लो!'

ताकत की चाह में चूहे ने फौरन हामी भर दी। साँप मुस्कुराया।

फिर क्या था, मौका मिलते ही साँप ने अपना जहर चूहे में उतार दिया। रगों में लहू के साथ जहर मिलते ही चूहे का बदन नीला पड़ गया। चूहा हमेशा के लिए शान्त हो गया।

चूहे की डेड बॉडी लेकर साँप अपनों की सभा में पहुँचा। जहाँ उसका अभूतपूर्व स्वागत हुआ।

चूहे की डेड बॉडी देखकर सभी साँप उत्साह से भर उठे। वे जोर-जोर से फुफकारते हुए नारे लगाने लगे।

सभा शुरू हुई।

'दोस्तो! मेरे प्यारे दोस्तो!' साँप बोला।

साथी साँप गौर से उसे सुनने लगे। वहाँ शान्ति छा गई।

'दोस्तो! जैसा कि मैंने आपसे कहा था, वह मैंने कर दिखाया है। रिजल्ट आप सबके सामने है।' चूहे की डेड बॉडी को दिखाते हुए वह बोला।

सभी साँपों ने हिश! हिश! फुस्स! फुस्स! करके उसका समर्थन किया।

वह आगे बोला, 'हम पहले से ही बहुत बदनाम हैं। अब हमें और बदनाम नहीं होना है! अब देखिए साथियो! मैंने यह काम लोकतांत्रिक ढंग से किया। अब हम पर कोई हिंसा का इल्जाम नहीं लगा सकता। इस चूहे ने मुझसे खुद जहर माँगा...' यह कहते हुए साँप का फन तन गया।

सभी साँपों ने हिश! हिश! फुस्स! फुस्स! कर काफी देर तक अपनी खुशी जाहिर की।

'साथियो! आप पहले दिलों में जहर भरिए! वह जेहन में खुद-ब-खुद आ जाएगा और सब्जेक्ट अपने रगों में उतारने के लिए बेचैन हो जाएगा!' 'सब्जेक्ट' शब्द सुनकर साँपों के बदन में सुरसुरी-सी दौड़ गई।

वह धाराप्रवाह बोलता रहा, 'बस हमें सपने और भय दोनों साथ-साथ दिखाने होंगे! अच्छे-अच्छे शब्दों के चयन पर ध्यान केन्द्रित करना होगा!' उसने चूहे की डेड बॉडी पर एक नजर मारी। फिर बोला, 'देखिए! कैसे हमारे रंग में यह रँगने के लिए तैयार हो गया!'

सभी साँप चूहे के नीले बदन को देखने लगे। वे अजब रोमांच से भर उठे।

वह आगे बोला, 'जहर भरिए, खूब भरिए, मगर उपदेश की शक्ल में...आप देखेंगे कि उपदेश स्वतः उन्माद में बदलता जाएगा...बस फैलकर हर जगह हमें अपना काम लगातार करते रहना है। क्या समझे!'

एक बूढ़ा साँप जोश में बोला, 'समझ गए! हमें लोकतंत्र को लोकतांत्रिक ढंग से खत्म करना है...'

'बिलकुल सही!' साँप गर्व से बोला।

'ये चूहा तो फँस गया, मगर क्या गारंटी है कि सभी फँसेंगे!' दुविधा से भरे एक युवा साँप ने सवाल किया।

'वेरी गुड क्वेश्चन!' साँप यह बोलकर थोड़ी देर के लिए चुप हो गया। फिर फुफकारता हुआ बोला, 'जब तक लोगों में वर्चस्व की भावना प्रबल रहेगी, तब तक मुझे कोई दिक्कत नहीं दीखती...' यह सुनते ही सभी साँपों में हर्ष की लहर दौड़ गई।

'बस वर्चस्व को उत्कर्ष की शक्ल में बेचो!'

उसने बुलन्द आवाज में यह बात कही।

पल भर में सभा जोशीले नारों से गूँज उठी और साँपों की सभा ने एकमत से उसे अपना नेता चुन लिया।

नए-नवेले नेता ने बहुत प्यार से कहा, 'आइए! अब हम अपना गान शुरू करते हैं!'

सभी साँप समवेत स्वर में गाने लगे—

लोकतंत्र खुद को डसवाकर हमको दूध पिलाता है
जो जितना जहरीला है, वह उतना पूजा जाता है

चूहे की डेड बॉडी पड़ी हुई थी। अभी न जाने और कितनी बॉडियाँ वहाँ आने वाली थीं...

वोटों की बातें

आज मतगणना का दिन है। मतपेटी में पड़े वोटों में खलबली मची हुई है, जैसे पेट में गुड़गुड़ हो रही हो!

धर्म और जात के नाम पर पड़े वोट सबसे ज्यादा उछल रहे हैं। यहाँ तक मतपेटी हिल-हिल जाया करती है। अपने से अलग वोटों को वे हिकारत से देख रहे हैं।

'देखो इतना उछलना ठीक नहीं! मैं बताना चाहता हूँ कि...' विकास वाला वोट बोला।

'चल साले अपना काम कर! हमारी बराबरी करता है!' धर्म वाला वोट बेकाबू होकर बोल पड़ा। विकास वाले वोट की बात अधूरी रह गई।

'बड़े भाई! बोल लेने दो न इस बेचारे को! देख नहीं रहे हो, हम सबके बीच भी कैसे अलग-थलग पड़ा है!' जातिवाला वोट मुस्कुराते हुए बोला।

विकास वाला वोट फिर बोलने को हुआ कि तभी धर्म वाला वोट भड़कते हुए बोला, 'क्या बोल लेने दें! यहाँ हमारे साथ है तो अपनी औकात भूल गया है!'

अभी उनके बीच बातें हो रही थीं कि मतगणना शुरू हो गई।

एक-एक करके एक-एक वोट गिने जाने लगे। जैसे धर्म वाले को गिना गया। जैसे जाति वाले को गिना गया। वैसे ही विकास वाले वोट को गिना गया।

'हमें तो कोई स्पेशल ट्रीटमेंट नहीं मिला! हमारी गिनती किसी आम वोट की तरह ही हो रही!' धर्म वाला वोट उदास होकर बोला।

'हाँ बड़े भाई! हम तो अपने को गण्यमान्य समझ रहे थे, मगर इन्होंने तो बिलकुल हमें सामान्य समझा! हमारी गिनती अलग से नहीं की जा रही!' जाति वाला वोट गुस्से से बोला।

'तुम तभी तक गण्यमान्य थे, जब तक मतपेटी में बन्द नहीं हुए थे! अब तुम भी मेरी तरह से सिर्फ एक वोट हो...!' विकास वाला वोट बोला।

'ये बात पहले नहीं बता सकता था तू!' धर्म वाला वोट एक बार फिर भड़का, लेकिन पहले की अपेक्षा कम।

'सही बात है बड़े भाई! हम बिलावजह खुश तो न होते!' जाति वाले वोट ने शिकायती लहजे में कहा।

'मैं तो कब से कहना चाह रहा था, मगर तुम दोनों अपने आगे किसी को बोलने कहाँ देते हो!' विकास वाले वोट की आपबीती सुन दोनों वोट एक-दूसरे को देखने लगे।

नई रोड बनाई जा रही है...

मैं अब एक लाश हूँ। इस वक्त मेरी शवयात्रा निकल रही है। सुनकर आपको ताज्जुब हो रहा है! अब यहाँ कोई ताज्जुब की बात नहीं होती। अब केवल तजुर्बे की बात होती है। गुजारिश है कि कुछ देर के लिए अपने ताज्जुब को छोड़कर अभी का मेरा तजुर्बा सुनें!

मैं अभी ठीक उस रोड पर हूँ, जिस पर जगह-जगह खून के धब्बे थे। जी ठीक सुना आपने! खून के धब्बे! धब्बे आपस में जुड़ते हुए एक लम्बी गाढ़ी लकीर बना लिये थे। जैसे कोई रोड न हो सिन्दूर लगी माँग हो! इस रोड पर जूते-चप्पल इधर-उधर बिखरे हुए थे। किसी का कुचला हुआ पेन पड़ा था, तो किसी का टूटा हुआ मोबाइल गिरा था। जी हाँ, इस रोड पर ही!

अभी मेरी शवयात्रा उस रोड से गुजर रही है, जहाँ कुछ रोज पहले लाठीचार्ज हुआ था। जबरदस्त लाठीचार्ज। रोजगार की माँग को लेकर लड़के भारी तादाद में रोड पर निकल आए थे। फिर उन्हें पुलिस द्वारा दौड़ा लिया गया। दौड़ा-दौड़ाकर पीटा गया। बाँस की लाठियाँ टूटीं। लोहे के रॉड बजे। कौन कह सकता है कि यह वही रोड है जहाँ लाठी चार्ज से कुछ रोज पहले नेता ने गाजे-बाजे के साथ अपने समर्थकों को लेकर जबरदस्त रोड शो किया था। नारे तब भी लगे और नारे अब भी लगे। तब नारे लगाने वाले कार्यकर्ताओं के लिए तालियाँ बजीं। अब नारे लगाने वाले बेरोजगार मारे गए। तब नेता ने मुस्कुराते हुए हाथ हिलाया और अब बच्चों ने

गिड़गिड़ाते हुए हाथ जोड़े। तब रोड शो के दौरान पुष्पवर्षा हुई। और अब आन्दोलन के दौरान लाठीचार्ज हुआ। नेता के रोड शो करने से उसकी अपनी पार्टी पर पकड़ मजबूत हुई और देश में उसकी अखिल भारतीय छवि बनी। जी हाँ, यह वही रोड है जहाँ नौजवानों के प्रदर्शन करने पर उनकी धर-पकड़ हुई। बदनामी हुई। और थाने में उनकी चार्जशीट बनी।

मेरी शवयात्रा उस रोड से निकल रही है, जहाँ से नेताजी की पदयात्रा निकली थी। रोड पर शो करना नेता का मौलिक अधिकार है। और अपनी जायज माँगों के साथ उस रोड पर अगर जनता आ जाए तो उसे धिक्कार है। नेता के रोड शो करने से भले ही शहर का ट्रैफिक अवरुद्ध हो, मगर निश्चित रूप से देश का विकास होता है। मगर रोड पर नौकरी के लिए लड़कों के प्रदर्शन करने से शहर के ट्रैफिक के साथ देश का विकास भी अवश्यंभावी रूप से अवरुद्ध होता है।

रोड भी क्या चीज होती है! इस रोड को बनाया मजदूरों ने। रोड जानी गई किसी और के नाम से। जिसके नाम से जानी गई, वह उस पर कभी चला ही नहीं। और रोड से जिसका कोई वास्ता नहीं वह रोड शो करता है। रोड बनाने वाले मजदूर क्या रोड पर प्रदर्शन कर सकते हैं, जितना भयमुक्त होकर नेता रोड शो करता है! इस देश में कम-से-कम कोई एक रोड तो ऐसी होनी ही होनी चाहिए, जिस पर जनआन्दोलन करने से लोकतंत्र निखरता हो और नेता के रोड शो करने से वह मरता हो!

वैसे यह रोड है तो चकाचक! इस रोड से मेरी कई यादें जुड़ी हैं। याद है मुझे जब इस रोड पर नेता रोड शो के लिए उतरा था, तो उसे करिश्माई कहा गया था। और जब नौजवान रोड पर उतरे तो उन्हें बलवाई कहा गया। नेताजी के रोड शो में उमड़ी भीड़ को देखकर एंकर बोला था कि देखिए लोग अपने नेता से कितना प्यार करते हैं। उसी एंकर ने नौकरी की माँग करते नौजवानों से पूछा था कि आप देश से प्यार क्यों नहीं करते! कब से इस रोड पर जमे हुए हैं! याद है मुझे एंकर ने नेता से पूछा था कि आप इस रोड शो के जरिए देश को क्या सन्देश देना चाहेंगे! तो वही एंकर बच्चों से पूछता है कि अपनी बात रखने का यह कौन-सा तरीका है! आपके इस रवैये से पूरे देश में गलत सन्देश जा रहा! एंकर के लिए

जहाँ नेता का आडम्बरपूर्ण रोड शो भव्य रहा तो नौजवानों का शान्तिपूर्ण आन्दोलन उसे भयानक लगा!

मैं रोड का लोड क्यों ले रहा हूँ! जिस रोड पर मैं हूँ, उसमें ऐसा विशेष क्या है! कुछ भी नहीं! नेता होते ही सब कुछ विशेष हो जाता है। कर कमल बन जाता है। धोती धवल हो जाती है। सड़क रोड हो जाती है। इसलिए नेता कभी सड़क शो नहीं करता। वह रोड शो करता है। वह रोड शो करके जनता को दर्शन देता है। रोड शो करने वाला नेता बहुत अदा से कहता है कि मसले रोड पर नहीं पार्लियामेंट में सुलझाए जाते हैं! यहाँ राजनीति में शराफत के लिए नहीं शोशेबाजी, शिगूफेबाजी, शोबाजी के लिए तेजी (डरा देने वाली) से रास्ता बनाया जा रहा है। जगह चाहे संसद हो या फिर सड़क!

रोड अब खत्म होने वाली है और मेरी बातें भी। इस रोड का नाम मैं नहीं जानता! क्या फर्क पड़ता कि यह गांधी मार्ग है या ग़ालिब मार्ग! इन नामों के साथ रोड जाती हैं लोग नहीं! पर मैं यह अवश्य जानता हूँ कि ये रोड भारतीय है। जिस पर नेता कुछ पाने को जब-तब आता रहता है, तो वहीं आम आदमी बर्बाद होने के बाद यहाँ आता है। वस्तुत: रोड शो करके नेता अपनों के लिए एक नई रोड बना रहा। जिसका नाम आप परिपाटी रख सकते हैं। जिस पर भविष्य में केवल रोड शो ही होंगे, प्रदर्शन-जनान्दोलन कतई नहीं! नेता के लिए रोड खुली होगी तो उसे चुनने वाली जनता के लिए पतली गली होगी। जनता के लिए रोड़े होंगे, तो सड़कछाप नेता के लिए 'रोडें' होंगी। लोकतंत्र को रोड पर लाने के इस इवेंट पर आप क्या बजाना चाहेंगे! थाली या ताली!

अरे! एक बात तो बताना भूल ही गया! मैं लाश कैसे बना! जानते हैं! रोड पर नौजवानों द्वारा होने वाले प्रदर्शन में मैं भी शामिल था, अभी थोड़ी देर पहले जिस रोड पर मेरी शव यात्रा निकल रही थी...

अन्धकार

'हम तीन बहनें हैं। वो दोनों अपने-अपने घरों में हैं, बस मैं ही बाहर हूँ!' आग ने पत्थर से कहा।

'तुम्हारी दोनों बहनें कहाँ रहती हैं!' पत्थर ने पूछा।

'मेरी एक बहन तो गरीब के पेट में रहती है। और दूसरी बहन वाइज की जुबान में रहती है।' आग ने अपनी दोनों बहनों के बारे में बताया।

'और तुम कहाँ रहती थी!' पत्थर ने पूछा।

'मैं...मैं शायर की शायरी में रहती थी!'

'मगर उसने तुम्हें निकाल क्यों दिया!'

'वो कहता है, बादशाह बहुत जालिम है! ऐसा बादशाह तवारीख में पहले कभी न हुआ!'

'तुमने फिर गलत कहा!'

'क्या!'

'वह शायर नहीं कायर है!'

आग कुछ न बोली।

'तुम्हारे बिना उसकी शायरी किस काम की!' पत्थर ने आग का हौसला बढ़ाया।

'मेरे निकलते ही जनाब बादशाह के दरबारी बन गए!'

'अब तुमने क्या सोचा है!'

'ऐसे ही दर-ब-दर भटकते-भटकते खत्म हो जाऊँगी एक दिन!' आग मायूस होकर बोली।

'न! न! ऐसा न कहो! तुम्हारी रोशनी और तुम्हारी तपिश दोनों जरूरी है इन्कलाब के लिए।'

आग खामोश रही।

'तुम चाहो तो मुझमें रह लो!' पत्थर का दिल पसीजा।

और देखते ही देखते आग पत्थर में समा गई।

चमत्कार

अभी वे स्टेशन से बाहर निकले ही थे कि 'दिव्यधाम' एक आवाज आई। उन्होंने देखा कि लम्बे कद का लाल शर्ट और जींस में एक सुदर्शन रिक्शेवाला उनके पीछे खड़ा है।

'कितने!'

'बीस रुपए!'

वे रिक्शे पर बैठ गए। सुबह के आठ बज रहे थे। ट्रेन में उन्हें नींद नहीं आई। उन्होंने आसपास नजरें घुमाईं। दुकानों के शटर गिरे हुए थे। पिछले दिन की हुई दुकानदारी का हिसाब-किताब सड़क के किनारे कूड़े के ढेर बता रहे थे।

'सर, स्वामी जी के पास जा रहे हैं!' रिक्शेवाले ने पूछा।

'हूँ उ उ!'

हचके की वजह से उनका 'हूँ' लम्बा खिंच गया।

'बहुत दूर-दूर से आते हैं लोग! आप कहाँ से आ रहे हैं!'

'बरेली से!'

'आप तो पढ़े-लिखे मालूम होते हैं सर!'

'ये बाबूजी न कहकर सर कह रहा है!' उन्होंने अब जाकर ध्यान दिया।

'अपना काम करो!' वे उखड़ गए।

रिक्शेवाला चुप हो गया।

कुछ देर बाद वे खुद से ही बोले, 'पंडाल में हजारों की भीड़ में से नाम लेकर बुला लेते हैं!'

रिक्शेवाला चुपचाप किर्र किर्र रिक्शा चलाता रहा।

'सुना है कि स्वामी जी चेहरा देखकर ही सब बता देते हैं!' चूँकि रिक्शेवाला लोकल था, तो वे अपनी तरफ से बात छेड़कर स्वामी जी की महिमा का सत्यापन भी चाह रहे थे।

'हमारे साढ़ू भाई भी बता रहे थे!' वे आगे बोले।

'तो इसमें क्या कमाल है!' रिक्शेवाला हैंडिल से एक हाथ उठाते हुए जोश में बोला।

'अच्छा!'

'आजकल तो फेसबुक में सबका अकाउंट है!'

'मेरा नहीं है!'

'तो क्या...मैं भी चेहरा देखकर बता सकता हूँ!' रिक्शेवाला पीछे मुड़कर उनका चेहरा देखने लगा।

'अरे भाई! तुम आगे देखकर चलाओ न!' यह कहते हुए उनकी साँसें कुछ तेज हो गईं।

'लीजिए मैं बताता हूँ, आप जॉब करते हैं!' रिक्शेवाले ने ट्रिन ट्रिन घंटी बजाई।

'कौन सी!'

'मतलब!

'सरकारी या प्राइवेट!'

'सरकारी!'

'बताइए सर! मैंने सही बताया या गलत!'

'सही!'

'देखा!'

'क्या देखा! करता था, अब रिटायर हो गया हूँ...'

'अरे जाने दो पहलवान!' रिक्शेवाले ने अचानक एक तेज कट मारा। उन्होंने देखा कि एक काला साँड़ बीच सड़क पर बैठा हुआ है।

'आप पुराने हैं, तो सरकारी के ज्यादा चांस थे,अब सरकारी नौकरी इहाँ कहाँ धरी पड़ी!'

यह सुनकर वे इम्प्रेस हुए।

'अच्छा तो ये बताओ मैं यहाँ किस काम से आया हूँ!' उन्होंने परीक्षा ली।

'बेटी की शादी नहीं हो रही!'

वे चुप हो गए।

'क्यों सर, आई एम राइट!'

'नो यू आर रॉन्ग! टोटली रॉन्ग!'

'रिटायर हुए मुझे एक साल से ऊपर हो गया मगर मेरी पेंशन नहीं बन रही!' वे आगे बोले।

रिक्शेवाला चुप रहा।

'वैसे कोशिश तुम्हारी अच्छी थी! हर परेशान आदमी लड़की का बाप लगता है!'

'थैंक्यू सर!'

'पढ़े-लिखे मालूम होते हो!'

'दसवीं तक पढ़ा हूँ सर!'

'आगे नहीं पढ़े!'

'गो न सर!'

यह सुनकर वो हँसे।

बोले, 'लेट ईट गो बोलो...'

उन्होंने अपने दोनों ओर उड़ती हुई नजर मारी। देखा कि मिठाइयों की दुकानें खुली हुईं हैं। जलेबियाँ छानी जा रही हैं। लोग कतार लगाए खड़े हैं।

'कल्लूमल का खस्ता खाएँगे सर! बहुत फेमस है!' रिक्शेवाला एक दुकान को देखते हुए बोला।

'नहीं भई! स्वामी जी के दरबार में जाना है...नौ बजे!'

'फिर तो लेट हो गए आप!'

'क्यों अभी तो आठ-साढ़े आठ बजा होगा!' उन्होंने हड़बड़ी में जेब से मोबाइल निकाला।

'लोग टाइम से वैरी वैरी बिफोर आ जाते हैं!'

'मेरे क्लास में होते तो तुम्हारी इंग्लिश अच्छी होती!' मोबाइल में समय देखते हुए वह बोले।

'आप टीचर हैं!' रिक्शेवाला उत्साह में बोला।

'यस!'

'इंग्लिश के!'

'यस!'

'सर माई नेम इज कन्हैया, व्हाट्स योर गुड नेम!' रिक्शेवाला रिक्शा मोड़ते हुए बोला।

'माई नेम इज प्रकाश...प्रकाश सक्सेना!' वे हँसते हुए बोले।

रिक्शा एक चौराहे को क्रॉस कर रहा था। उन्होंने देखा कि चौराहे पर स्वामी जी की बड़ी होर्डिंग लगी हुई है। जिसमें स्वामी जी आशीर्वाद देने की मुद्रा में दीख रहे हैं।

'स्वामी जी के चेहरे से नूर टपकता है!' वे होर्डिंग देखते हुए बोले।

'नेता अफसर भी खूब आते हैं!' रिक्शेवाला अभी बोला ही था कि उन्हें एक बड़ा-सा पोस्टर दिखा जिसमें प्रदेश का एक बड़ा नेता स्वामी जी के साथ खड़ा नजर आ रहा था।

'और कितनी दूर है!'

'बस आ गया सर!'

'वैसे एक बात है स्वामी जी की वजह से हमको बहुत प्रॉफिट हुआ है!' रिक्शेवाला रिक्शा रोकते हुए बोला।

'कैसे!'

'हमारा बिजनेस खूब बढ़िया हो गया!'

'और तुम उन पर शक करते हो! बोले तो डाउट...'

रिक्शेवाला हँस दिया।

'यहाँ से आपको पैदल जाना पड़ेगा सर!'

उन्होंने अपनी गर्दन उचकाई। देखा सड़क के दोनों ओर दुकानों की दूर तक कतारें लगी हुई हैं। जोकि भाँति-भाँति के फूल, मिठाई, पूजा सामग्री से भरे हुए

हैं। कई दुकानों पर अलग-अलग धार्मिक गीत अलग-अलग धुनों पर बज रहे हैं। अगरबत्ती, धूपबत्ती के धुएँ छोटा-मोटा बादल बना रहे हैं। सड़क गड्ढा मुक्त और धुली हुई है। पास में नगरपालिका का वाटर टैंकर खड़ा है। सफेद चूने की टेढ़ी-मेढ़ी मोटी लकीर दूर तक जाती हुई किसी गेहुँवन-सी दीख रही है।

'जब आपका काम हो जाए तो मुझे फोन कर दीजिएगा, मैं आपको स्टेशन छोड़ दूँगा!' रिक्शेवाला बोला।

'हाँ ये ठीक रहेगा!'

'नम्बर बोलिए सर!'

'एट थ्री वन एट डबल टू वन सेवन फाइव वन!'

रिक्शेवाले ने अपने मोबाइल से रिंग मारी।

'सेव कर लीजिए सर! जब फ्री हों कॉल कर दीजिएगा!'

उन्होंने पर्स से निकाल के बीस रुपये दिए।

'सर मेन काउंटर से पर्ची पहले कटा लीजिएगा!' यह कहते हुए रिक्शेवाला चला गया।

वे दिव्यधाम की ओर बढ़े। उन्होंने देखा कि स्वामी जी के रंग-बिरंगे पोस्टर यहाँ-वहाँ लगे हुए हैं। वे जैसे-जैसे आगे बढ़ रहे थे भीड़ सघन होती जा रही थी। जो कस्बा उन्हें अभी तक सुनसान अलसाया लग रहा था, यहाँ वह बिलकुल अलग तेवर में था। जैसे वह 'स्प्लिट पर्सनाल्टी' का शिकार हो! सड़क से कुछ दूरी पर आजू-बाजू मोटरसाइकिल और कारों की कतार थी। वहाँ खड़ी गाड़ियों की संख्या आए हुए आगन्तुकों से किसी माने में कम न थी। पुलिसवाले भी अच्छी-खासी संख्या में वहाँ दीख रहे थे। चलते-चलते उनकी साँस फूलने लगी। ये तो अच्छा है कि फरवरी की गुलाबी ठंड है, जून-जुलाई होता तो क्या हाल होता। उन्होंने सारस की तरह गर्दन उठाकर पेड़ों का ऑडिट किया। शुक्र है कि सिर्फ एक छोटा बैग है! वे खुद से बोले। आधा किलोमीटर चलते हुए वे मुख्यद्वार तक आए। उसके पास एक काउंटर था, जहाँ रजिस्टर में आगन्तुक को अपना नाम, पता वगैरह भरना होता था। उन्होंने देखा कि वहाँ लम्बी लाइन लगी है। कल्लूमल का खस्ता खा लेना था! फ्रेश तो ट्रेन में ही हो गया था! वे खुद से बोले। तभी 'भक्त अगर सच्ची भक्ति करे

तो प्रभु को आना ही पड़ता है!' लहराती हुई स्वामी जी की आवाज उनके कानों से टकराई। स्पष्ट था कि स्वामी जी का दरबार सज चुका था। उन्होंने मोबाइल देखा। सवा नौ बज रहे थे। काउंटर पर पहुँचने में ही उन्हें तकरीबन बीस मिनट लग गए। काउंटर पर रजिस्टर में डिटेल भरते वक्त उन्हें न जाने क्या सूझी। उन्होंने नाम के आगे रिक्शेवाले का नाम कन्हैया लिख दिया। आयु में साठ साल। व्यवसाय में बिजनेस। और पते में शहर बिजनौर लिखा। लिखने के बाद वे मुस्कुराए। काउंटर पर बैठे कर्मचारी ने उन्हें ध्यान से देखा। वे सामान्य होने का अभिनय करने लगे। कर्मचारी ने एक पर्ची काटकर थमा दी।

'हमारी सुनवाई कब होगी!' गुलाबी पर्ची देखते हुए वे बोले।

'कोई निश्चित समय नहीं है श्रीमान!'

'फिर भी!'

'ये तो स्वामी जी पर निर्भर करता है। उनकी कृपादृष्टि हो गई तो कहिए प्रवेश करते ही, नहीं तो प्रतीक्षा करते-करते सन्ध्या हो जाए।'

तभी उन्हें पीछे से धक्का महसूस हुआ। वे समझ गए कि उन्हें काउंटर छोड़ना होगा। वे काउंटर छोड़ आगे बढ़े। उन्हें अपनी बाएँ तरफ 'खोया-पाया' नाम का काउंटर नजर आया। जो कि नाम से ही स्पष्ट था कि उसका वजूद किसलिए था।

मुख्य द्वार से अन्दर घुसते ही उन्होंने देखा कि गजब की भीड़ है। जितनी उम्मीद की थी, उससे कहीं ज्यादा। उनकी आँखें फटी की फटी रह गईं। एक बड़े से मैदान में पंडाल लगा हुआ था। स्वामी जी का दरबार चल रहा था। पंडाल में बैठते ही उन्हें एक अलग तरह की खुशबू महसूस हुई। उन्होंने लम्बी साँस खींचकर उसे अपने फेफड़े में भरा। पंडाल के किनारे बड़े-बड़े खड़े पंखे चल रहे थे। इस मौसम में भी वहाँ गर्मी महसूस हो रही थी। मुस्तैद पंखे मदहोश कर देने वाली खुशबू को इधर से उधर उड़ा रहे थे। पंडाल के बीचोबीच में एक लाल कालीन बिछी हुई थी। जो पंडाल को दो भागों में बाँटकर सीधे मंच तक जाती थी। मंच फूल-पत्तियों से सुरुचिपूर्ण ढंग से सजा हुआ था। एक बड़ी-सी चौकी पर स्वामी जी सफेद कुर्ता और धोती पहने, माथे पर लम्बा लाल टीका लगाए, पीली पगड़ी में गद्दी पर विराजमान थे। नीचे उनकी सुरक्षा में लगे सफारी सूट में मुस्टंडे जवान। वातावरण

ऐसा था कि किसी नास्तिक के भी हाथ स्वत: जुड़ जाएँ! स्वामी जी कोई कथा सुना रहे थे। कथा के बाद ही उनके चमत्कारों का सिलसिला शुरू होता। पाँच-दस मिनट बाद कथा का समापन हो गया। समापन पर स्वामी जी बोले, 'बोल बाँके बिहारी की...' 'जय!' से पंडाल गूँज उठा। अचानक स्वामी जी ने अपनी आँखें बन्द कर लीं। थोड़ी देर बाद जोर-जोर से सिर हिलाने लगे। आँखें खोलीं। मुस्कुराए। माइक के पास मुँह लगाकर बोले, 'जो प्रकाश हैं, वे खड़े हो जाएँ!'

वे झट खड़े हो गए। साथ में चार-पाँच लोग और खड़े हो गए!

स्वामी जी बोले, 'अरे भइया प्रकाश तो बहुतेरे हैं! इहाँ तो प्रकाश ही प्रकाश है!'

लोग हँसने लगे।

स्वामी जी बोले, 'जो बरेली से आए हैं, वो खड़े हो जाएँ!'

अब उन्हें मिलाकर दो लोग खड़े थे।

'यूँ तो जरा गड़बड़ है प्रभु!' स्वामी जी ने आँखें बन्द कर लीं।

लोग हँसने लगे।

'अरे जो सक्सेना हों, वो यहाँ को आएँ!'

वे झट मंच की ओर चल दिए। मंच पर जब चढ़ रहे थे, तब स्वामी जी बोले, 'अभी उहाँ रुको! एक बार और कन्फर्म कर लें!' यह कहकर उन्होंने पुन: आँखें मूँद लीं।

वे मंच की चार-पाँच सीढ़ियों के बीच में बुत बनकर खड़े रहे।

'जिसका मोबाइल नम्बर आठ सौ इकतीस आठ सौ बाइस सत्रह इक्यावन हो, वो आवें!' स्वामी जी आँखें खोलते हुए बोले।

यह सुनते ही उन्होंने अपना एक हाथ खड़ा कर दिया। यह देखते ही भीड़ में स्वामी जी की जय होने लगी।

वे जाते ही स्वामी जी के सामने हाथ जोड़कर घुटने के बल बैठ गए।

'आओ आओ! हुजूर आते-आते बहुत देर कर दी!' स्वामी जी एक आँख बन्द करके बोले।

'क्यों पेंशन की टेंशन है!'

कर्मचारी ने फौरन एक माइक उनको पकड़ा दिया।

'स्वामी जी की जय!' उनके मुँह से स्वतः फूट पड़ा।

'पेंशन की टेंशन है कि नहीं!'

'जी स्वामी जी!'

'टीचर हो!'

'जी स्वामी जी!'

'पढ़ाते थे!'

'जी स्वामी जी!'

'अंग्रेजी!'

'जी स्वामी जी!'

'माई इंग्लिश इज वैरी वैरी स्ट्रांग!' स्वामी जी के यह कहते ही पंडाल में ठहाके गूँज उठे।

'जाओ, बस यहाँ के प्रसाद का लड्डू अधिकारियों को खिला देना। पेंशन क्या नई सैलरी भी बना देंगे ससुरे! जाएँ!'

स्वामी जी ने एक डिब्बा आगे बढ़ा दिया।

वे खड़े होकर जाने लगे।

'अभी रुको! तुम्हारा हिसाब पूरो न हुओ!' स्वामी जी भीड़ को देखते हुए बोले।

वे ठिठके। 'अभी तुमने घुसने से पहले एक घोटालो कियो हो!'

उन्होंने हाथ जोड़ लिये। उनका दिल जोर-जोर से धड़कने लगा।

'बता दूँ सबको!'

उन्हें लगा कि रजिस्टर वाली बात स्वामी जी सबको बता देंगे! वे रुआँसे हो गए।

'कियो हो कि नहीं!' पंडाल में खुसुरफुसुर शुरू हो गई। उन्होंने धीरे से सिर हिलाया।

'जाएँ! जै बात!' स्वामी जी जोर से बोले।

वे घुटने के बल बैठ गए।

'धर्म-कर्म के मामले में सन्देह कत्तो नहीं करना चाहिए!' स्वामी जी के कहते ही पंडाल में शोर तेज हो गया।

'विश्वासम फलम दायकम!' स्वामी जी दोनों हाथ उठाकर बोले।

'स्वामी जी की जय!' भीड़ ने स्वामी जी को जयकारे से जवाब दिया।

वे ग्लानि से भर गए। वे मंच से उतरकर जब बाहर जा रहे थे, तो उन्हें दानपत्र दिखा। वे फौरन उसकी ओर लपके। जेब से दो हजार का नोट उसमें डाल दिया। दो हजार का नोट डालते हुए उन्होंने सोचा कि अच्छा हुआ सरकार ने नोटबन्दी के बाद दो हजार के नए नोट चला दिए। एक बार में ही सारा काम हो गया। कुछ पल रुकने के बाद उन्होंने दानपत्र में सौ का नोट और डाल दिया। इस सौ के नोट की वजह से उन्हें रजिस्टर में गलत विवरण लिखने के ग्लानिबोध से मुक्ति मिल गई। वे हल्के हो गए। उन्होंने प्रसाद को अपने बैग में डाला। काम हो जाने की उम्मीद से वे खुश थे।

मुख्य द्वार से बाहर आकर उन्होंने रिक्शेवाले को फोन लगाया। उधर से स्विच ऑफ की आवाज आई। उन्होंने रीडायल किया। परिणाम वही निकला। फोन बन्द होने की मुनादी हुई। वे रिक्शेवाले के प्रति अभी कोई राय बनाते कि लाउडस्पीकर पर स्वामी जी की आवाज 'जय बोलो कन्हैया लाल की!' गूँजी।

वे कान से फोन सटाए हुए जोर से बोले, 'जय!'

लाउडस्पीकर वार्ता

नए-नए दो लाउडस्पीकर लग चुके थे। अब वे अपना काम पूरी ईमानदारी से कर रहे थे।

एक दिन एक लाउडस्पीकर उदास था। तो दूसरे लाउडस्पीकर ने इसका कारण पूछा।

'मुझे लगता है कि हम गलत जगह फिट किए गए हैं!' पहला लाउडस्पीकर बोला।

'इतने दिनों बाद...आज अचानक कैसे!' दूसरे लाउडस्पीकर ने अपने मित्र के दुख को समझने की कोशिश की।

'अचानक नहीं रे! इतने दिनों से जो कुछ देखा तो ये खयाल आया!' लाउडस्पीकर धीरे से बोला।

'तो तुम्हारे हिसाब से हमें इस समय कहाँ होना चाहिए था!' दूसरे लाउडस्पीकर ने पूछा।

'मुझे लगता है कि हमें आम आदमी के गले में फिट होना चाहिए था...'

अभी दूसरा लाउडस्पीकर हँसने ही वाला था कि तभी वहाँ एक फरियादी आ गया। दोनों चुपचाप उसे सुनने लगे। फरियादी रुआँसे स्वर में बोला, 'दया

करो! अब तुम भी नहीं सुनोगे तो कैसे चलेगा! ऊपर से नीचे तक हम गरीब की कहीं सुनवाई नहीं है...'

अब दूसरे लाउडस्पीकर की हँसी पूर्णत: गायब हो चुकी थी। वह पहले लाउडस्पीकर को बहुत आदर के साथ लगातार देखे जा रहा था...

इन दिनों कट्टर हो रहा हूँ...

आजकल मैं बहुत हीन भावना में जी रहा हूँ। सामान्य तौर पर मैं सामान्य मनुष्य के जैसा जीवन ही जीना चाहता रहा हूँ। मगर अब देख रहा हूँ कि ऐसा सोचना भी मेरा असामान्य है। आजकल ऐसे सोचने वालों को कायर कहा जाता है। कायर ही नहीं बहुत कुछ कहा जाता है, जो यहाँ लिखा नहीं जा सकता।

कट्टर शब्द को मैं नकारात्मक मानता हूँ। मुझे लगता है कोई एक बार कट्टर बन गया तो वह इनसान तो नहीं ही रहता! अब मुझे लगता है कि मुझे अपनी सोच बदलनी पड़ेगी। पर मैं कट्टर जैसे भारी, महाप्रचलित और अतिआवश्यक शब्द को सिर्फ धर्म के साथ रखने का कट्टर विरोधी हूँ। कट्टर शब्द को सीमित न रखकर इसको व्यापक करने की जरूरत है। जैसे कट्टर ईमानदार, कट्टर खूबसूरत, कट्टर ज्ञान, कट्टर दयालु, कट्टर भावुक, कट्टर मेहनती, कट्टर नेता, कट्टर प्रेमी वगैरह। वह कट्टर गोरे रंग पर मरता है। वह कट्टर बेरोजगार है। ऐसे वाक्य बोले और लिखे जाने चाहिए!

कल बाजार में एक पुराना मित्र मिला। बोला, 'यार तुम बहुत ढीले हो!'

मैंने उससे पूछा कि फिर मुझे क्या करना चाहिए।

वह बोला, 'थोड़ा कट्टर बनो!'

मैंने उसे शुक्रिया कहा।

'किस बात के लिए!' उसने पूछा।

'आपने थोड़ा कहकर बहुत रियायत दे दी!'

वह मुस्कुराया। बोला, 'शुक्र है तुम जाग गए!'

'क्या अब जागना भी होगा!' मैंने पूछा।

वह हँसा और हाथों की उँगलियों को हिलाते हुए बोला, 'बिना जागे कट्टर नहीं बन सकते..'

'यह भी गजब है! बचपन में माँ जगाती थी, तो जवानी में घड़ी। सोचा था, अब आराम से सोऊँगा तो तुम जैसे चिन्तक जगा रहे। ट्रेन में किसी सहयात्री की तरह घड़ी-घड़ी भाईसाहब कौन सा स्टेशन आया, पूछने वाले की तर्ज पर चैन से न रहने देना!' मैंने उलाहना दिया।

'भइया अपने धर्म के हो तो जागना पड़ेगा!' उसने सर हिलाया।

'अगर मैं किसी और धर्म का होता तो!'

'तब तो कोई जरूरत नहीं थी।'

'क्यों!'

'वह तो पहले से जागे हैं!'

'अच्छा! तुम सारी खबर रखते हो! वैसे जागने का काम चौकीदार का होता है!'

'जागते तो चोर भी हैं!' उसने यह कह अपनी एक आँख दबाई।

'फिर मुझे कैसे जागना होगा!' मैंने पूछा।

'जैसे मैं जागा हूँ!' वह बोला।

अब जाकर मैंने उसे गौर से देखा। भरा हुआ चेहरा। चमकता हुआ। विज्ञापन वाली भाषा में कहूँ तो विटामिन ई, एलोविरा से युक्त खिला-खिला चेहरा। एक मैं हूँ कि जागने की वजह से मेरे आँखों के नीचे काले गड्ढे पड़ चुके हैं और यह...

'मैं काफी देर तक जागता हूँ मित्र!'

यह सुनकर वह हँसा।

'नींद सेहत के लिए बहुत जरूरी है।' उसने सुझाव दिया।

'फिर जागने की बात क्यों करते हो!'

'अरे यार जागने का मतलब वो नहीं है, जो तुम ले रहे हो!'

'फिर मैं कैसे लूँ!'

'जागने का मतलब जाग्रत अवस्था। अपनी संस्कृति से प्रेम। राष्ट्र के प्रति भक्ति...'

'मुझे लगता है यह सब मैं करता हूँ!'

'जागने का मतलब देशद्रोहियों पर नजर भी! खतरा बढ़ता ही जा रहा!' यह कहकर वह इधर-उधर देखने लगा।

'ये काम तो सरकार, सेना, पुलिस लोगों का है!'

'तुम हो बेवकूफ! अपने आसपास पहचानो!'

'जल सेना के ग्यारह जवान जासूसी करते हुए पकड़े गए, जब सेना ही नहीं पहचान पा रही तो हमारे जैसा साधारण इनसान क्या पहचानेगा!'

'कपड़े से पहचानो!'

'कपड़े से कैसे पहचान होगी! सेना के जवान सब वर्दी में ही थे! मुझे कोई और काम-धन्धा नहीं है क्या!' मैंने उसे झिड़का।

'तुम्हें काम-धन्धे की पड़ी है! चाहे देश जल जाए! हैएँ!' उसने मुझे घूरा। मैं समझ चुका था यह अपनी टेक नहीं छोड़ेगा।

'तुमने तो मेरी आँखें खोल दी मित्र। देश के लिए अब मैं जागूँगा! अगली बार जब तुमसे मिलूँगा तो मैं पूरा कट्टर बनकर मिलूँगा...शायद तुमसे भी ज्यादा! क्योंकि मैं अपने देश को सच्चा नहीं...नहीं...कट्टर प्यार करता हूँ!'

'यह हुई न बात!' उसने जोश में मेरे कन्धे पर शाबाशी दी।

तभी उसके मोबाइल पर झम से एक सन्देश आया। उसने वह सन्देश दिखाया। सन्देश कह रहा कि जो कट्टर है, इसे लाइक करें। उसने मोबाइल मेरी तरफ बढ़ा दिया।

'लो तुम लाइक करो!' बोला।

'मैं अभी कट्टर कहाँ हुआ!' मैं उससे बताता हूँ। उसने उसे झट से लाइक कर दिया। मैं मन मसोसकर उसके उत्साह को देखता रह गया।

'अब तो अपनी सुरक्षा की व्यवस्था भी खुद ही करनी पड़ेगी!' जाते-जाते बोला।

मैं देख रहा हूँ, जागने पर जोर कौन दे रहा! विधान सभा-संसद में जो नेता सोता है वो! मुझको अँधेरे में रखकर बीमा बेचने वाला परम मित्र ये! जाग जाऊँ

पर सही रास्ता कौन बताएगा! मुझे जगाकर आराम से कौन सोएगा! अगर मैं वाकई जाग गया तो जगाने वालों के चेहरों जैसा मेरा भी चेहरा चमकदार होगा कि नहीं! पता नहीं इनको जागने पर क्या दीखता है। मुझे तो जागने पर संडास दीखता है... और सबसे बड़ी बात जागने के बाद रोशनी तो होगी न!

मैं बाजार में घूम रहा हूँ। इधर-उधर नजर घुमा रहा हूँ। देखिए, फलाँ कह रहा कि इसमें इतने प्रतिशत एक्स्ट्रा है। अलाँ कह रहा कि यह बचत नहीं महाबचत है। आज सीधे-साधे से काम नहीं चलता! अपने बिकने को लेकर ये प्रोडक्ट भी कट्टर हो गए हैं। पर मैं तो मनुष्य हूँ। मैं सोचता हूँ। मुझे क्या बेचना है, क्या खरीदना है! मेरे कट्टर होने से क्या भला होना है! किसका भला होना है! अगर होना है तो कैसे भला होना है। हमने वोट देकर जिनको चुना था। आज वही हमसे कट्टर होने को कह रहा। मैं सोचता हूँ, कट्टर होकर मुझे क्या मिलेगा! हाँ मगर पीढ़ी-दर-पीढ़ी उसकी पार्टी को हमारे घर का वोट जरूर मिलेगा! अर्थात कट्टर मतलब पुश्त-दर-पुश्त वोटर होने की गारंटी...

घूमते-घूमते मैं केले के ठेले के पास आ गया हूँ।

'कट्टर केले कैसे दिए!' उधेड़बुन में मैं उससे पूछता हूँ।

'सत्तर रुपये दर्जन!'

'आएँ!' दाम तो वाकई कट्टर हैं!' मैं सोचता हूँ और आगे बढ़ लेता हूँ।

'पचास लग जाएँगे!' वह अपनी कट्टरता कुछ कम करता है। मेरे हिसाब से अभी भी बहुत ज्यादा थी। मैं यह जानता हूँ कि दाम की कट्टरता तय करने के पीछे इसका कोई हाथ नहीं। वह भी मेरी ही तरह है। 'कवि कहना चाहता है कि...' के जैसे हम वही रटकर चलने वाले लोग हैं, जिसे हमें रटा दिया जाता है।

'नहीं, नाश्ते में आज गर्व खाऊँगा!' मैं उससे कहता हूँ।

'आज तो खा लेंगे सर! मगर कल!' वह हँसता है।

'आज जो गर्व खाया है। मैं जानता हूँ वो पचेगा नहीं। इसको पचाने के लिए मनुष्यता का त्याग करना पड़ता है। इतिहास बदलना होता है। कल उल्टी हो ही जाएगी। नाश्ते की नौबत और तबीयत ही नहीं होगी!'

'मगर परसों सर!'

'हाँ मगर परसों क्या!' मैं सोच में पड़ जाता हूँ।

परसों तुम्हारा ठेला लूट लूँगा!' मैं मजाक करता हूँ। वह सहम जाता है। मुझे झेंप नहीं गुस्सा आता है। यह मजाक को इतनी गम्भीरता से क्यों ले रहा! मजाक को सच समझ रहा!

'मजाक कर रहा हूँ!' मैं स्पष्ट करता हूँ। वह इसके बाद एक फीकी मुस्कान देता है। कमबख्त अभी भी सच मान रहा!

कुछ दिन बाद मैं अपने जागे मित्र के घर पहुँचता हूँ। जिसे मेजबान आ धमकना कहते हैं।

काउच, पर मेरे लिए सोफा ही है, उस पर बैठते ही मैंने कट्टा निकालकर उनकी गोद में रख दिया। वह उछल पड़ा। जैसे बचपन में किसी के ऊपर प्लास्टिक का साँप फेंक देते थे।

'ये क्या है!' उसने चौंकते हुए पूछा।

'कट्टा है!'

'हाँ वह तो मैं भी देख रहा हूँ!'

'तुमने कहा था कि कट्टर बनो!'

'तो!'

'तुमसे ज्यादा कट्टर बन गया हूँ, जैसा तुमसे कहा था। यह कट्टा तुम्हारे बेटे के लिए लाया हूँ!'

'पागल हो! कैसे चाचा हो तुम! कलम की जगह कट्टा दे रहे हो!' वह गुस्से से बोला। मैं उसके गुस्से को देख रहा था।

'अपने बेटे को दो, जा के!' वह फिर बोला।

'दोस्त, मैं पूरी तरह से जाग चुका हूँ। इसलिए उसे पहले ही दे चुका हूँ!'

वह एक झटके से उठा। मेरा हाथ पकड़कर उठाते हुए बोला, 'तुम्हें आराम की जरूरत है। लगता है तुम कई दिनों से ठीक से सोए नहीं हो! भरपूर नींद लो जा के!'

मैं जाने लगा तो उसने पीछे से टोका, 'और ये लेते जाओ!' यह कहकर उसने कट्टा मेरे हाथ में पकड़ा दिया।

सड़क पर आकर मैं हँसा। खूब हँसा।

उसी केले वाले के पास दुबारा पहुँचा। वह मुझे देखकर कुछ घबरा सा गया।

'ये क्या है सर!' वह डरते हुए पूछता है।

'कट्टा!' वह जड़ हो गया।

'अरे, बच्चों का खिलौना है ये!'

इस बात पर वह और डर गया। ऐसा क्या गलत बोल दिया मैंने! थोड़ी देर के लिए मैं सोचने लगा।

'अरे यह प्लास्टिक का खिलौना है! नकली! नकली है पूरी तरह!' मैं उसे तसल्ली देता हूँ।

'बिलकुल असली लग रहा था सर!'

'यही तो दिक्कत है आजकल। लोग नकली को असली समझने लगे हैं!'

वह मुस्कुराता है।

'केले तो कट्टर हैं न!'

'बहुत! चखिए तो सर!

'अभी एक को चखाकर आया हूँ!'

'जी!' वह मुझे गौर से देखता है।

'कुछ नहीं, तुम नहीं समझोगे!' मैं हँसता हूँ।

'क्यों नहीं समझेंगे सर! केले के साथ हमको भी कट्टर समझ रहे हैं क्या!'

मैं उसे देखता रह जाता हूँ। इस बात पर मैं तो आज कट्टर केला खाकर रहूँगा। मैं केला खरीद लेता हूँ। मैं केला खाता हूँ।'

'केला कट्टर हो न हो पर मीठा है!'

'कट्टर मीठा सर...' वह बोलता है।

हम दोनों हँस देते हैं...

इनसान

वह बहुत दिनों बाद मुझसे मिला था।

'कहाँ!'

'जुलूस में!'

'ऐसी हालत में!'

'क्यों क्या हुआ!'

'तुम्हारी एक आँख कहाँ है!'

'उसे गोली ले गई।'

'एक हाथ भी तुम्हारा दीख नहीं रहा!'

'वह लाठी के साथ चला गया।

'और तुम्हारा एक पैर! वह कहाँ है!'

'उसे बूट ले गया।'

'ओह! तुम्हारे साथ बहुत बुरा हुआ!'

'इतना भी बुरा नहीं। जितनी तुम संवेदना प्रकट कर रहे हो!'

'तुम्हारा जीवन कैसे चलेगा!'

'सरकार की तरह!'

'मजाक छोड़ो! जीवन के प्रति गम्भीर हो जाओ! अब छोड़ो यह सब!'

'मैं उतना ही गम्भीर हूँ, जितनी सरकार जनता के प्रति है।'

'फिर मजाक! बन्द करो ये सब! ऐसे कैसे चलेगा!'

'जैसे पहले चलता था!'

'पहले तुम दो टाँगों पर चलते थे!'

'न तुमने फिर मुझे ठीक से नहीं देखा!'

'पागल हो!'

'नहीं जानता!'

'तुम जानते ही क्या हो!'

'यही कि मैं सयाना नहीं हूँ!'

'ऐसे कैसे चलेगा मेरे भाई!'

'मैं तुमसे पूछता हूँ, ऐसे कब तक चलेगा!'

'बकवास नहीं! मैं फिर पूछता हूँ, ऐसे तुम्हारा जीवन कैसे चलेगा!

'वैसे ही जैसे पहले चलता था!'

'पहले कैसे चलता था!'

'उम्मीद पर!'

'ऐसे में तुम अब भी कोई उम्मीद रखते हो!'

'हाँ।'

'क्या!'

'यही कि जो आँख गोली ले गई, चलने से पहले वो देख ले! जो हाथ लाठी के चलने पर चला गया, वह मजलूम पर गिरने से पहले चलाने वाले का हाथ पकड़ ले!'

'और बूट!'

'उसे जब कोई तानाशाह पहनने चले वह भाग ले!'

'तुम्हारी उम्र लम्बी हो दोस्त!'

'क्यों!'

'तुम जब तक जिन्दा रहोगे, तुम्हारी यह उम्मीद भी जिन्दा रहेगी।

'आदमी के जिन्दा रहने से ज्यादा जरूरी है, उम्मीद का जिन्दा रहना।'

'समझा!'

'क्या समझे!'

'चलो, जुलूस में साथ चलते हैं।'

चेहरों में एक चेहरा!

एक ट्रेन आती हुई दीख रही है। आजादपुर प्लेटफार्म पर रुकते ही उसमें से एक महिला उतरती है। भीड़ अब फैल रही है। महिला अपने सिर पर एक गठरी उठाए हुए है। मैं उसे पीछे से देखता हूँ। खादी का कुर्ता पहने हुए एक व्यक्ति उसके पास आता है और बहुत प्यार से बोलता है, 'माँ!' उसके सम्बोधन में गजब का जादू है। जाती हुए महिला एकदम से ठहर जाती है। ऐसा प्रतीत होता है कि एकाएक जम-सी गई हो! खद्दरधारी विनम्रता से बोलता है, 'माँ तेरी गठरी बहुत भारी लगती है! चल मैं उठा लेता हूँ, तुझे आसानी हो जाएगी। तेरा कष्ट मुझसे देखा नहीं जाता...' अपनी गठरी सौंपने के बाद महिला जोर-जोर से हँसती है, फिर जार-जार रोने लगती है। इस दृश्य को अवाक् खड़े देखता रह जाता हूँ मैं। भीड़ में उस खद्दरधारी को खोजता हूँ, पर वह मुझे दूर-दूर तक कहीं नजर नहीं आता।

महिला आगे बढ़ती है। अभी कुछ कदम बढ़ाती ही है कि एक सज्जन उस महिला की ओर आते दीखते हैं। निकट आते ही वे उसे ढाढ़स बँधाते हैं। तरह-तरह से भाँति-भाँति से सान्त्वना देते हैं। और लगे हाथ महिला के आसपास जमे लोगों को अपना-अपना काम करने की नसीहत भी दे देते हैं।

उनकी भूमिका को देखकर मैं अभिभूत हो जाता हूँ। भीड़ छँटने के बाद महिला को 'जमाना ठीक नहीं! सावधान रहा करें!' की सलाह देते हुए वे ओझल हो जाते हैं। उनके जाते ही महिला जोर-जोर से हँसती है, फिर जार-जार रोने लगती है। मैं

महिला को ध्यानपूर्वक देखता हूँ। अरे महिला का पर्स कहाँ गया! उन सज्जन के जाने के बाद इसका पर्स तो गायब है! पहले तो इन सज्जन के व्यवहार के कारण मुझे सदमा लगता है, दूसरे महिला के अप्रत्याशित व्यवहार को देखकर हतप्रभ हो जाता हूँ। मैं सोच में पड़ जाता हूँ कि महिला पहले हँसती है, फिर रोती क्यों है!

स्टेशन से बाहर आकर वह महिला एक मिठाई की दुकान पर रुकती है। लड्डू को ललचाई नजरों से देखती है। 'बिलकुल शुद्ध और ताजे हैं' दुकानदार बोलता है। महिला दो लड्डू की माँग करती है और माँग पूरी होते ही वह उसे तेजी से उदरस्थ कर लेती है। तुड़े-मुड़े नोट को साड़ी के आँचल में लगी गाँठ से आजाद कर वह वहाँ से आगे बढ़ती है।

थोड़ी दूर चलने के बाद उसे कुछ असहज महसूस होता है। वह वमन करते हुए अचेत हो जाती है। अचेत होते समय वह जोर-जोर से हँसती है, फिर जार-जार रोने लगती है। उसका यह व्यवहार देखकर मैं बुरी तरह से उलझ जाता हूँ। इस रहस्यमयी व्यवहार के कारण ही मैं उस पर लगातार निगरानी रखने के लिए बाध्य हूँ और साथ में उसके प्रति मेरी जिज्ञासा बढ़ती जाती है।

अगले दिन महिला की जब आँख खुलती है, तो स्वयं को एक निजी नर्सिंग होम में पाती है। नर्स उसकी शिराओं से सिरिंज में खून भरते हुए उसको बताती है कि शायद उसे फूड पॉयजनिंग हो गई है। खून सहित उसकी अभी कुछ जाँचें होनी हैं। कई दिन भर्ती रहने के बाद वह दिन भी आता है, जब महिला को डिस्चार्ज किया जाता है। डिस्चार्ज करने से पहले उसके हाथों में बिल थमाया जाता है। महिला बिल देखकर जोर-जोर से हँसने लगती है, फिर जार-जार रोने लगती है। महिला जब नर्सिंग होम से बाहर निकलती है, तो मैं एक बात गौर करता हूँ कि उसके हाथों के कंगन गायब हैं, जो निःसन्देह सोने के थे।

महिला आगे-आगे, उसके पीछे-पीछे मैं। दिनभर इधर-उधर भटकती है और मैं भी। भटकते-भटकते रात हो जाती है। 'ऐ! इतनी रात को कहाँ जा रही है?' एक कड़क आवाज गूँजती है। महिला ठिठककर रुक जाती है। खाकी पहने हुए एक व्यक्ति प्रकट होता है। 'इत्ती रात को! कहीं कुछ गड़बड़ तो नहीं करने जा रही!' इतने स्पष्ट रूप से पूछने के बाद भी महिला उसके कहे का मन्तव्य नहीं समझ

पाती है। कर्तव्य के वशीभूत वह खाकीधारी व्यक्ति दत्तचित्त होकर उसकी तलाशी लेता है। फिर महिला को चेतावनी देते हुए चला जाता है। उसके जाने के बाद वह जोर-जोर से हँसती है, फिर थोड़ी देर बाद ही जार-जार रोने लगती है। मैं जाते हुए खाकीधारी की मुट्ठी पर गौर करता हूँ। उसकी मुट्ठी में बन्द कुछ रुपये हैं। यकीनन ये महिला के अंटी में छुपाए हुए रुपये हैं, जो उसने आपातकाल के लिए बचाकर रखे थे। मैं यह सब देख ठगा-सा रह जाता हूँ।

पौ फटने वाली है। मैं अभी भी उस महिला का पीछा करना जारी रखता हूँ। सामने एक कार आती दीखती है। तेज रफ्तार से आती कार उसके पास आते ही धीमे हो जाती है और खिड़की से एक हाथ बाहर आता है। वह हाथ उसकी साड़ी को पकड़कर हवा में लहरा देता है। कार थोड़ी दूर आगे जाकर रुक जाती है। महिला सहम जाती है। वह लगभग अर्द्धनग्न अवस्था में आ जाती है। कार फिर पीछे आकर उसके पास रुक जाती है। कार का चालक खिड़की से एक बोतल बाहर फेंकते हुए कहता है, 'तेरी साड़ी हमारी कार के पहिए में फँस जाती। सँभालकर चला कर!' और कार में बैठे लोग हँसते हुए दृश्य से अदृश्य हो जाते हैं। महिला उन्हें हाथ उठाकर आशीष देते हुए जोर-जोर से हँसती है, फिर जार-जार रोने लगती है।

अब मुझसे रहा नहीं जाता। उसके पास पहुँच जाता हूँ। पूछता हूँ, 'कौन थे वे लोग? क्या आप उन्हें जानती थीं?' महिला बोलती है, 'सब मेरे ही लाल हैं।' उसका उत्तर सुनकर खोपड़ी भन्ना जाती है। लगता है कि चक्कर खाकर गिर जाऊँगा। जब तक होश सँभालता तब तक वह लड़खड़ाते-लड़खड़ाते आगे बढ़ चुकी होती है। उसकी हालत देखकर उसके पास दुबारा जाने की हिम्मत नहीं होती।

मैं जहाँ खड़ा होता हूँ, वहीं से चिल्लाता हूँ, 'कृपया एक बात बताते जाइए! आप कभी हँसती तो कभी रोती हैं! ऐसा क्यों है?' महिला मरमराते स्वर में कहती है, 'हँसी...हँसी मुझे इस बात पर आती है कि मेरे लाल मुझे इतना अबोध समझते हैं कि मुझे लूटने के लिए कोई न कोई बहाना बनाते हैं...' यह कहकर वह चुप हो जाती है। 'हाँ मगर हँसने के बाद आप रोती क्यों हैं?' मैं उत्सुकतावश पूछ बैठता हूँ। यह सुनकर उसकी आँखें डबडबा जाती हैं। लड़खड़ाती हुई जुबान से बोलती है, 'मुझे लूटने के बाद भी वे सब मुझे माँ कहते हैं...' यह सुन मुझे आघात लगता

है। थोड़ी देर चुप रहने के बाद मैं फिर पूछता हूँ, 'आपका नाम क्या है? आप कौन हैं?' वह कुछ नहीं बोलती है।

देखते ही देखते मेरी नजरों से दूर जाने लगती है। मैं उस महिला का पूरा परिचय जानने के लिए उसके पीछे-पीछे दौड़ने लगता हूँ।

'उठो!' 'उठो!' 'अब तो जाग जाओ!' की आवाज कान में पड़ती है। मुझे महसूस होता है कि मुझे कोई जोर-जोर से झकझोर रहा है। आँख खुलती है, तो देखता हूँ कि पत्नी मेरे सिरहाने खड़ी होती है, 'जागना नहीं है!' मैं झट आँखें बन्द कर लेता हूँ। किंचित टूटा हुआ सपना पूरा देख सकूँ और उस महिला का परिचय पा सकूँ! मगर ऐसा होता नहीं है। सपना दुबारा नहीं आता। मुझे हिलाते हुए पत्नी बोलती है, 'आज स्वतंत्रता दिवस है, झंडारोहण में नहीं जाना क्या!' तुमने मेरा सपना तोड़ दिया...' मैं बिसूरते हुए कहता हूँ। वह चादर समेटते हुए बोलती है, 'मेरे कारण से तुम्हारा सपना नहीं टूटा है, समझे!' 'सही कहती हो! तुम्हारे जगाने से नहीं, मेरे जागने से मेरा सपना टूटा है...' मैं समर्पण कर देता हूँ। सुबह-सुबह पत्नी से कौन भिड़े! वैसे भी आज आजादी का उत्सव मनाने का दिन है।

मैं जल्दी से तैयार होकर नियत समय पर कार्यालय पहुँच जाता हूँ। लोगों के आने का सिलसिला जारी है और मुख्य अतिथि के आने का इन्तजार है। मैं अपने आसपास अवलोकन करता हूँ। सारी तैयारियाँ पूरी दीख रही हैं। तभी हूटर की आवाज सुनाई देती है, जो मुख्य अतिथि के आने की सूचना देती है। थोड़ी ही देर में मुख्य अतिथि की कार मेरे सामने आ खड़ी होती है। दरवाजा खोला जाता है। उसमें से बाहर निकलते हुए मुख्य अतिथि को देखकर मैं दंग रह जाता हूँ। उनको देखकर ऐसा लगता है, जैसे अभी-अभी इनको कहीं देखा है! अरे इनको तो मैंने सपने में देखा है! उनके साथ चल रहा सिपाही भी मुझे अनजाना नहीं लगता।

मैं सोचता हूँ कि क्या मैं अपने सपने के असर से बाहर नहीं निकल पाया हूँ! या अभी भी कोई सपना ही देख रहा हूँ! वास्तव में, वास्तविकता क्या है! सधे कदमों के साथ मुख्य अतिथि महोदय झंडारोहण वाले स्थान पर पहुँच जाते हैं। अन्ततोगत्वा उनके करकमलों द्वारा झंडारोहण सम्पन्न होता है। झंडारोहण के बाद गगनभेदी नारा लगाया जाता है,'भारत माता की!' 'दुर्दशा हो गई!' मेरे मुँह से यकायक निकल

जाता है। वो तो अच्छा हुआ कि जय के जयकारे में मेरी आवाज कोई सुन न सका, नहीं तो वहाँ क्या गजब होता! पता नहीं मेरे मुँह से ये क्या-कैसे-क्यों निकल गया!

भाई साहब! भाई साहब! की आवाज से मेरा ध्यान बँटता है। देखता हूँ, तो लड्डू बाँटने वाला कैंटीन का कर्मचारी मेरे सामने खड़ा है। लड्डू को उठाते हुए उसके चेहेरे पर जब मेरी नजर जाती है, तो 'बिलकुल शुद्ध और ताजे हैं' का संवाद कहता हुआ, वह सपने वाला दुकानदार सहसा मुझे अपने सामने खड़ा नजर आता है। उफ! यह सपना! ये चेहरे! तो क्या मेरा भी चेहरा किसी से मिलता है! मुख्य अतिथि के रस्मी भाषण को छोड़, तबीयत खराब होने का बहाना बना, मैं शौचालय की ओर भागता हूँ। कार्यालय में मेरी छवि ऐसी है कि लोग मेरी बात पर प्राय: शंका नहीं करते। शौचालय में दाखिल होते ही वहाँ लगे स्वच्छ दर्पण की ओर लपकता हूँ। 'भारत माता की!' गगनभेदी नारों के बीच, इस समय, दर्पण के सामने खड़ा अपना चेहरा देख रहा हूँ मैं...

नाटक

फागिंग मशीन को देखकर बच्चा बुरी तरह से डरकर बोला, 'बापू-अम्मा भागो!'

बच्चे की इस प्रतिक्रिया पर दोनों हँसने लगे। मच्छर के बच्चे को कुछ समझ न आया।

'डरो मत, बस तुम अपनी आँखें बन्द कर लेना! ठीक है!' माँ प्यार से बोली।

'नाक में केमिकल घुस गया तो! मर जाऊँगा! आप लोगों की तरह हमारी इम्युनिटी अभी डेवलप नहीं है!' मच्छर का बच्चा अब भी भयभीत था।

'चिन्ता क्यों करता है रे! बेटा यहाँ पर सब धुआँ-धुआँ है!' इस बार बापू बोला।

तभी धुएँ का बादल आया। मच्छर के बच्चे ने फौरन अपनी आँखें बन्द कर लीं। थोड़ी देर बाद जब उसने आँखें खोलीं तो वह जिन्दा था। पर पास ही उसके अम्मा-बापू औंधे मुँह जमीन पर गिरे हुए थे।

मच्छर का बच्चा जोर से चीखा। उसके समझ में नहीं आया, आखिर यह हो क्या गया। वह दहाड़े मारकर रोने ही वाला था कि उसके अम्मा-बापू अचानक से उड़े। पीछे-पीछे मच्छर का बच्चा जोर से उड़ा और उनकी संगत करते हुए जोश में बोला, 'सच कहा था बापू...यहाँ सब धुआँ-धुआँ है!' लोगों को लगा कि यह मच्छरों की पिनपिनाहट है, दरअसल, वे हँस रहे थे।

2

फॉगिंग मशीन की आवाज जैसे ही बूढ़े मच्छर के कानों में पड़ी, वह चिल्लाया, 'बड़े वाले आ रहे हैं रे!'

'बड़े वाले' यह मच्छरों का अपना कोडवर्ड था।

बूढ़े मच्छर के ऐसा कहते ही सभी मच्छरों ने अपने कान बन्द कर लिए।

फॉगिंग मशीन जैसे आई, वैसे ही चली गई।

उसके जाने के बाद बूढ़ा मच्छर बोला, 'ससुरी बहुत आवाज करती है! इतनी आवाज कि कान के परदे ही फट जाएँ!'

मेरा लोकतंत्र और उसका कुछ

कल नींद जल्दी आ गई। रात एक सपना आया। मैं एक न्यूज एंकर के साथ बैठा हुआ हूँ। मेरा मित्र है। वह एक खबर पढ़ता है।

मंत्री ने हड़तालकर्मियों को दी चेतावनी! बाज नहीं आए तो किए जाएँगे बर्खास्त!

फिर वह हड़ताल के विषय में कुछ कहता है और अपना निर्णय-सा सुनाते हुए कहता है कि कुछ लोग नहीं चाहते हैं कि देश की उन्नति हो!

वह समाचार पढ़ते वक्त ऐसा दीख रहा था, जैसे किसी रोबोट को डिजाइन किया गया हो। शो खत्म होने के बाद मैं उससे पूछता हूँ कि लोकतंत्र को तुम कैसे देखते हो?

वह मुस्कुराता है। वह जवाब देने की जगह कॉफी मँगवाता है।

'चेतावनी की जगह तुम धमकी शब्द का भी इस्तेमाल कर सकते थे!' मैं कहता हूँ।

'मंत्री ने हड़तालकर्मियों को दी धमकी!' मैं आगे कहता हूँ।

'धमकी शब्द तो मजदूरों के लिए इस्तेमाल होगा।' वह आराम से कहता है।

'और ये कुछ लोग कौन हैं!'

मेरी इस बात पर वह चुप हो जाता है।

'ये कुछ से क्या मतलब है तुम्हारा! तुम इतने श्योर कैसे हो! तुम समाज में अलगाव के बीज डाल रहे हो!'

'अगली बार कुछ की जगह मुट्ठी भर लोग कह दूँगा! ठीक है!' वह हँसता है। मैं खीजता हूँ!

'मैं इस कुछ को ही लोकतंत्र का प्राणवायु मानता हूँ!'

'अबे तुझे जो मानना है मान! मेरे को क्या करना है!' वह लापरवाही से बोलता है।

'तू कहता है कि तू खबरों का डीएनए करता है! मैं कहता हूँ कि तू खबरों का जनाजा उठाता है!'

'वाह मेरी जान! अरथी शब्द ध्यान नहीं आया! वह मुस्कुराता है। कुछ पल हम दोनों के बीच खामोशी रहती है।

'कविता कर रहे हो या छोड़ दी! क्यों!' वह मेरी आँखों में झाँकता है। मैं उसका चेहरा देखता हूँ। मैं देख रहा हूँ, वह मुझसे उकता रहा है।

'तेरी नजरों में लोकतंत्र की परिभाषा क्या है!' मैं उससे पूछता हूँ।

'परिभाषा को तो मार गोली! बात साफ है, जिसके पास सत्ता होती है, वह चेतावनी देता है, और जिसके पास नहीं है वह अपील करे या प्रार्थना, मानी जाएगी वह धमकी ही।'

'क्या यह लोकतंत्र है!'

मैं उसे देखता हूँ। वह कॉफी पीने लगता है। दो घूँट लेने के बाद वह मुझे अपनी कॉफी पीने की याद दिलाता है। साथ में वह 'मुझे अभी आगे शो करना है।' यह भी याद दिलाता है।

वह मग को टेबल पर रखते हुए कहता है, 'और रही बात तेरे लोकतंत्र की तो मेरी नज़रों में लोकतंत्र का मतलब बस मेरी नौकरी है। क्योंकि मुझे ईएमआई भी भरनी होती है।'

वहाँ बैठे-बैठे मैं सोचता हूँ कि ईएमआई के होते कोई क्रान्ति नहीं हो सकती! इस ईएमआई ने न जाने कितनी क्रान्तियों को खाया है। सच्चाई की राह में आज सबसे बड़ा रोड़ा ईएमआई ही है! फेहरिस्त और किस्त के बीच देश फँसा हुआ है! मैं कल्पना करने लगता हूँ। एक बस कीचड़ में फँसी हुई है। लोग उसे निकाल रहे हैं।

'चलो निकालो!' एक कहता है।

'ईएमआई!' बाकी धक्का देते हुए कहते हैं।

'बाकी अभी है!'

'ईएमआई!'

'निकल जाएगी!'

'ईएमआई!'

'थोड़ी बची है!'

'ईएमआई!'

निकली! निकली!'

'ईएमआई!'

'रिपोर्टर तो वॉच डॉग होता है!' झोंक में मैं उससे कहता हूँ!

'मगर वॉच डॉग को ब्लैक डॉग भी तो चाहिए होती है न!' वह मुस्कुराता है।

मुझे कॉफी की याद आती है। कविता में आग चाहे जितनी हो, वह चूल्हा नहीं जला सकती! मैं सोचता हूँ! मगर वह आग समाज को बुझने से जरूर बचाती है! दूसरे पल मैं यह भी सोचता हूँ। झिझक के साथ मग उठाता हूँ। ओह! कॉफी तो ठंडी हो चुकी है! टेबल पर रखते वक्त सन्तुलन बिगड़ने से मग फर्श पर गिर जाता है। और कई टुकड़ों में बिखर जाता है। कॉफी फैल जाती है। मुझे लगा कि मगरूपी शरीर से कॉफीरूपी आत्मा बाहर आ गई है। फैली हुई कॉफी किसी की मुखाकृति बनाती दीखती है। मैं उसे कोण बदल-बदल देखता हूँ। कभी मित्र एंकर का चेहरा तो कभी चैनल मालिक का चेहरा, तो कभी किसी पॉलिटिशियन का चेहरा दीखता है। जैसे फैली हुई कॉफी अमीबा की तरह इधर-उधर डोल रही हो और चेहरे बन-बिगड़ रहे हों!

मैं टूटे मग को अपलक देखता हूँ। मुझे लगता है कि जैसे लोकतंत्र अधमरा होकर गिरा पड़ा है!

'चलो कोई नहीं! प्योन साफ कर देगा! टेंशन मत ले! ये मग है तेरा लोकतंत्र नहीं!' मित्र मेरे कन्धे पर हाथ रखकर कहता है। मैं उठता हूँ और उसके केबिन से निकल जाता हूँ।

बाहर आकर सोचता हूँ कि लोकतंत्र के आगे उसने 'तेरा' क्यों जोड़ा! वह

रह-रहकर तेरा-तेरा लोकतंत्र क्यों कहता है! फिर उसका लोकतंत्र कौन-सा है! कुछ भी बोलता रहता है! कुछ से याद आता है कि समाचार पढ़ते वक्त हर बार कुछ लोग का जिक्र जरूर करता है। मन में आता है कि मैं उससे कहूँ कि जब हवा उन्मादी हो जाती है, तो 'कुछ' दीये ही हवा से लोहा ले भी पाते हैं!

मैं चाहता हूँ कि उसके उस कुछ का जवाब इस कुछ से दूँ! मगर भिड़ने का इरादा त्याग देता हूँ। सड़क पर आ जाता हूँ।

सड़क पर आकर मैं उसके कुछ से अपने कुछ का तुक भिड़ाते हुए चलने लगता हूँ...

कुछ का कुछ, कुछ से कुछ
कुछ कुछ कुछ, कुछ कुछ कुछ
लिखता है तू, कुछ का कुछ
कहता है तू , कुछ का कुछ
करता है तू , कुछ का कुछ
पटरी बैठाने के पीछे
सच बातों से आँखें मीचे
कैसे भी मिल जाए कुछ
आउटर पर सिद्धान्त खड़ा है
स्वाभिमान का रूट बड़ा है
भीड़ बहुत पर चलते कुछ
कुछ का कुछ,कुछ से कुछ
कुछ कुछ कुछ, कुछ कुछ कुछ

सीख

मैंने सपने में देखा कि एक कछुआ मरणासन्न है। सारे कछुए उसे घेरे हुए हैं।

'भाइयो और बहनो! दुनिया छोड़ने का मेरा समय आ गया है। जाने से पहले मैं तुम्हें अपने अनुभव का निचोड़ देना चाहता हूँ...' मरणासन्न कछुआ कहता है।

सारे कछुए और पास आकर उसे ध्यानपूर्वक सुनने लगते हैं।

'मेरे पाँच सौ साल के जीवन का निचोड़ यह निकला कि...' कछुआ हिचकी लेता है।

सारे कछुओं की जान सूख जाती है।

'कि कभी किसी के लिए यह दावा मत करना कि...' यह कहकर मरणासन्न कछुआ दूसरी हिचकी लेता है।

सारे कछुए दम साधे बैठे रहते हैं।

'कि मैं उसे जानता हूँ...'

यह कहकर कछुआ तीसरी हिचकी लेता है और हमेशा के लिए शान्त हो जाता है।

चौधरी साहब उम्मीद से हैं

किसी गाँव में एक चौधरी साहब रहते थे। तो उसी गाँव में राय साहब भी रहते थे। चौधरी साहब के पास सौ बकरियाँ थीं और राय साहब के पास पच्चीस। इन दोनों के बराबर गाँव में किसी तीसरे की कोई हैसियत नहीं थी। दोनों कहीं मिलते तो दुआ-सलाम होता। एक-दूसरे के हालचाल लेते-देते। सब कुछ ठीक ही चल रहा था, मगर एक दिन क्या हुआ चौधरी साहब राय साहब को शक की निगाह से देखने लगे। धीरे-धीरे उनका शक घृणा की सूरत अख्तियार करने लगा। ऐसे कैसे हुआ, तो गाँव में कुछ लोगों का कहना था कि चौधरी साहब के सगे-सम्बन्धियों ने ही उनके कान भर दिए हैं। उनका यह विचार था कि राय साहब के पास भी बकरियाँ हैं, तो वे चौधरी साहब की उतनी इज्जत नहीं करते, जितनी गाँव के बाकी लोग करते हैं। राय साहब चौधरी साहब को दिल से नहीं मानते हैं। वो मानने का ढोंग करते हैं। दूसरे, राय साहब की बकरियाँ चौधरी साहब की बकरियों की अपेक्षा ज्यादा बच्चे बियाती हैं। अगर ऐसा ही चलता रहा, तो वो दिन दूर नहीं कि इस गाँव में राय साहब का रुतबा होगा! इस तरह की बातें चौधरी साहब के कानों में डाली गईं। वहीं कुछ लोग इस बात से सहमति नहीं रखते थे। उनके अनुसार जब से गाँव में सत्संग हुआ है, तभी से चौधरी साहब की नजर बदली है। सत्संग वाले ने ही कुछ समझाया-बुझाया है। सत्संग वाले ने चौधरी साहब को यह कहकर भड़काया है कि राय साहब इस गाँव के नहीं हैं। उनके पुरखे बाहर से आकर बसे थे। वे गाँव के सगे हो ही नहीं सकते।

अब कारण जो भी हो, मगर यह बात गाँव वालों ने महसूस की कि चौधरी का मन राय साहब के प्रति खट्टा हो गया।

बहरहाल, अब मामला यह था कि चौधरी साहब राय साहब को नीचा दिखाने की तरह-तरह से तरकीबें भिड़ाते। राय साहब कहीं मिल जाते तो उनसे कन्नी काट जाते। जिस रात चौधरी साहब राय साहब की बकरियों को लेकर कुछ ज्यादा ही चिन्तित थे, संजोग से उसी रात गाँव में बाघ आया और राय साहब की एक बकरी उठा ले गया। सुबह यह खबर जंगल की आग की तरह फैली। यह खबर सुनते ही चौधरी साहब के मुँह से जो पहला शब्द निकला वह था, 'चौबीस!'

इस घटना के बाद चौधरी साहब की खुशी का ठिकाना न रहा। अगर उनका बस चलता तो पूरे गाँव में मिठाई बँटवा देते। उस दिन उनसे जो भी मिलने आया भर पेट नाश्ता करके ही गया।

कुछ दिन बाद फिर सब सामान्य हो गया। गाँव में उत्तेजना और चौधरी साहब की खुशी खत्म-सी हो गई। अभी चौधरी साहब बेचैन होते ही कि बाघ राय साहब की एक बकरी को फिर उठा ले गया।

'अब बची तेईस!' यह बोलते ही चौधरी साहब के बदन में खुशी की लहर दौड़ गई। उनको इतनी खुशी मिली कि जिसका कोई जवाब नहीं! चौधरी साहब ने महसूस किया कि यह खुशी कुछ अलग ही टाइप की खुशी है। ऐसी खुशी उन्होंने पहले कभी महसूस नहीं की थी। और इधर राय साहब ने बकरियों की रखवाली बढ़ा दी। रात को वे पहरेदारी करने लगे। मगर बाघ उनसे ज्यादा चतुर निकला। इस बार उसने दिन में ही घात लगाई और एक बकरी को उठा ले गया। अब राय साहब के लिए असहनीय था। वह सीधे पहुँचे चौधरी साहब के पास। बोले, 'चौधरी साहब आप अपनी बन्दूक कुछ दिनों के लिए हमें दे दें! या हम दोनों साथ में पहरेदारी करें!'

जाहिर था, चौधरी साहब क्यों देने लगे! चौधरी साहब ने यह बात सिरे से नकार दी। राय साहब ने समझाया, 'देखिए, बाघ को तो बकरियों से मतलब है! आज मेरी गई तो कल आपकी भी जा सकती है! मान लो, कल को मेरी सारी बकरियाँ खत्म हो जाएँ फिर वह आपकी बकरियों को निशाना बनाएगा!' राय साहब

ने फिर अपने पुराने सम्बन्धों की दुहाई दी। गाँव की भलाई का वास्ता भी दिया। मगर चौधरी साहब ने बन्दूक की जगह ठेंगा दिखाया। राय साहब मिमियाते हुए चले गए।

कुछ दिनों बाद बाघ फिर आया। उसने एक बकरी को फिर शिकार बनाया। मगर इस बार फर्क यह था कि इस बार बकरी चौधरी साहब की थी। गाँव के कई लोग जब चौधरी साहब के पास मातमपुर्सी के लिए आए तो देखा कि चौधरी साहब के चेहरे पर कोई शिकन तक नहीं।

फिर कुछ दिन सामान्य रहा। चौधरी साहब की एक बकरी और कम हो गई। बाघ ने अपना काम कर दिया। मातमपुर्सी के वक्त एक गाँव वाला बोला, 'चौधरी साहब यह तो बड़ा नुकसान हो गया! आपके पास अब अट्ठानबे बकरियाँ बचीं। चौधरी साहब रौ में बोले, 'राय साहब की तो बाईस ही बचीं!'

दिन बीतते गए।

एक दिन चौधरी साहब अपने खेतों से आ रहे थे। उन्होंने देखा कि बाघ उनके दुआरे खड़ा है। संजोग से उस दिन उनके पास बन्दूक भी थी। उन्होंने निशाना साधा। ट्रिगर दबाने ही वाले थे कि उनके मन ने कहा, 'क्या कर रहा है पगले! इसी ने तो राय साहब की तीन बकरियों को मारा है! और तू इसे मारेगा! आज नहीं तो कल ये उसकी बची हुई बकरियों को भी खाएगा!' चौधरी साहब ठिठक गए। उन्हें कुछ ही पलों में चुनाव करना था। बाघ के लिए इतना वक्त काफी था। वह अपना काम कर गया। साथ अपने एक बकरी को ले गया।

चौधरी साहब ने इस घटना के बारे में किसी से नहीं कहा।

उस दिन के बाद से चौधरी साहब बाघ की प्रतीक्षा करते। एक दिन उनकी प्रतीक्षा खत्म हुई। बाघ आया तो जरूर, मगर इस बार भी चौधरी साहब की बकरी को ले गया।

इस दुख की घड़ी में कुछ गाँव वालों ने चौधरी साहब को बन्दूक की याद दिलाई, तो चौधरी साहब ने उनको मन-ही-मन गद्दार मान लिया। चौधरी साहब जब बाघ के नाम से राय साहब के चेहरे पर दहशत देखते, तो बाघ से उनकी रही-सही शिकायत भी दूर हो जाती। बकरे की अम्मा आखिर कब तक खैर मनाएगी! आज नहीं तो कल बाघ राय साहब की बकरियों को अपना निवाला जरूर बनाएगा! इधर

चौधरी साहब उम्मीद से थे तो उधर बाघ का एक नियम सा बन गया था। कुछ दिनों के बाद बाघ आता और बकरी ले जाता।

आज बाघ ने चौधरी साहब की बकरी को फिर शिकार बनाया।

उसी रात दो गाँव वाले बातें कर रहे थे; क्यों! चौधरी साहब के पास अब कितनी बकरियाँ बचीं!'

'बयासी हैं अभी!'

'चौधरी साहब को तो बहुत दुख होता होगा!'

'नहीं रे!'

'क्या बात कर रहा!'

'सही कह रहा हूँ! अभी उनको दुख होगा भी नहीं!'

'क्यों!'

'क्योंकि चौधरी साहब बाईस के बाद गिनती भूल गए हैं!'

देश में जनादेश

साहिब जी तेज कदमों से जा रहे थे।

मैंने पूछा, 'साहिब जी कहाँ जा रहे हैं?'

साहिब जी बोले, 'हम जनादेश का सम्मान करने विपक्ष में जा रहे हैं।'

मैं जोर से बोला, 'लोकतंत्र!'

साहिब जी मुझसे भी जोर से बोले, 'जिन्दाबाद!'

कुछ महीने बाद उसी रास्ते से जनादेश मुँह लटकाए आता दीखा।

मैंने अचरज से पूछा, 'किधर को बिरादर!'

जनादेश गुस्से से बोला, 'किधर को क्या! साहिब जी का सम्मान करने! और कहाँ!'

'यह क्या माजरा है भई! अभी कुछ महीने पहले ही साहिब जी तुम्हारे सम्मान की बात जोर-शोर से कह रहे थे!'

जनादेश बेबसी वाली मुस्कान फेंकते हुए बोला, 'अब साहिब जी ही सरकार हैं। साहिब जी की ही सरकार है।'

'उलटी गंगा कब बही गुरू!' मैंने पूछा।

'दागी विधायक बागी हुए। बागी होने के बाद बिकाऊ हुए। नहीं...नहीं...' जनादेश कुछ सोचते हुए फिर बोला, 'विधायक पहले बिकाऊ हुए, फिर बागी हुए और जब बागी हुए तो रिजॉर्ट में ठहराए गए...साहिब जी ने ऊँची बोली लगा दी। अब साहिब जी ही सरकार हैं।'

'ये बढ़िया है! जनता बागी हो तो उसे जेल और विधायक बागी हो तो रिजॉर्ट!'

'चलूँ नहीं तो शपथ ग्रहण समारोह छूट जाएगा!' जनादेश हकलाते हुए बोला।

'क्या करोगे वहाँ जाके!' मैंने पूछा।

'जो तुम यहाँ करोगे!' जनादेश तैश में बोला।

'मैं तो लोकतंत्र की तरह बैठकर तमाशा देखूँगा!' मैंने जवाब दिया और जनादेश के जवाब को सुनने को मचल उठा।

पर जनादेश कुछ न बोला। वह लड़खड़ाते हुए मेरे सामने से जाने लगा और मैं उसके सम्मान में कुछ न कर सका!

शहर का नाम रोशन...

भले ही मैं टीवी न देखूँ पर; आज भी अखबार देख लिया करता हूँ। क्योंकि मुझे देश की नहीं अपने शहर की खबरें जाननी होती हैं। देख लेता हूँ, खबरों के जरिये अखबार का चेहरा और उस चेहरे में अपने शहर का अक्स।

आज जिस पहली खबर पर नजर गई, वह यह निकली; यूपीएससी में हुआ चयन, शहर का नाम किया रोशन...

मैं हीन भावना से भर उठा। सोचने लगा कि क्या कभी ऐसा मौका आया है, जो मैंने शहर का नाम रोशन किया हो! क्या मैं कलंक हूँ! या शहर पर कोई बदनुमा दाग! क्या मैं भी परीक्षा दूँ! पर यहाँ तो जिन्दगी ही रोज परीक्षा लिये जा रही है! अब तो मैं ओवर ऐज भी हो चला हूँ! इससे पहले मैं हीनता के रसातल से पाताल में जाता, मैंने फट से पन्ना पलट दिया।

एक खबर पर मेरी नजर टिक गई—अर्द्ध रात्रि को सड़क पर पड़े एक घायल व्यक्ति को राहगीर ने पहुँचाया अस्पताल...

खबर में यह भी बताया गया है कि आपातकाल में उस राहगीर ने घायल व्यक्ति की जान बचाने के लिए अपना रक्त भी दान किया।

मगर मैं खबर में एक लाइन और ढूँढ़ रहा था, जो बहुत ढूँढ़ने पर भी मुझे नहीं मिली। मैं सोच रहा था कि अखबार ऐसा जरूर लिखेगा कि ऐसा करने से राहगीर ने शहर का नाम किया रोशन।

मैं निराश होकर फिर दूसरी खबर को पढ़ता हूँ।

खबर यह है कि एक रिक्शेवाले ने माल-पत्ते से भरा बैग पुलिस चौकी में जमा करा दिया। बैग में जेवर और कुछ जरूरी कागजात निकले। कुछ देर बाद वह कीमती बैग उसके असली मालिक को खोजकर उसे सुपुर्द कर दिया गया। बैग मालिक ने रिक्शेवाले को इनाम देना चाहा, लेकिन रिक्शावाले ने मना कर दिया। फिर दरोगा जी के काफी कहने पर उसने एक तुच्छ धनराशि बहुत हिचक के साथ स्वीकार कर ली। मैं सोच रहा हूँ कि अखबार वाले ने यह क्यों नहीं लिखा कि रिक्शेवाले ने बैग वापस करके किया शहर का नाम रोशन...

उसने सिर्फ यह लिखा है कि रिक्शावाले ने बैग लौटाकर दिखाई ईमानदारी की मिसाल...मैं यह सोच रहा हूँ कि रिक्शेवाले ईमानदार नहीं होते! या गरीब से यह अखबार या कोई भी ईमानदारी की आशा नहीं करता!

मैं कुछ और खबरें देखता हूँ। पन्ने पलटता हूँ। खबरें खोज रहा हूँ, पर विज्ञापन स्वत: दीख पड़ते हैं। वाकई देश बदल रहा है। यहाँ खबरें खोजनी पड़ती हैं और विज्ञापन दौड़े-दौड़े खुद आपके पास चले आते हैं। खोजते-खोजते एक खबर पर मेरी नजर रुकती है।

एक औरत कूड़े के ढेर से एक बच्ची को...नवजात बच्ची...को अपने घर ले आई है। किसी ने उसे कूड़े के ढेर में फेंक दिया था। अखबार लिखता है कि उस औरत ने जो पहले से ही एक बच्चे की माँ है, ऐसा करके इंसानियत की दी मिसाल। लेकिन मिसाल देकर भी इस औरत ने शहर का नाम रोशन नहीं किया।

मैं कई बार सोचता हूँ, यह शहर चाहता क्या है या शहर वाले शहर से चाहते क्या हैं! बस अवसर! या इसके अलावा भी कुछ!

मैं फिर कुछ अन्य खबरों को देखता हूँ।

एक खबर पर निगाह रुकती है। एक युवक एक युवती को बचाने के लिए चार गुंडों से अकेले ही भिड़ गया। अखबार लिखता है कि कानून व्यवस्था चौपट; सरेआम छेड़ी जाती हैं लड़कियाँ; युवक ने बीच में आकर बचाई इज्जत...

और इधर मैं सोचता हूँ कि क्या इस युवक ने शहर का नाम रोशन नहीं

किया! क्या हेडिंग यह नहीं होनी चाहिए थी कि गुंडों से युवती को बचाकर एक युवक ने किया शहर का नाम रोशन...

मैं अक्सर देखता हूँ; छोटे लोग...आम लोग जिनकी खबरें एक कॉलम, दो कॉलम से ज्यादा नहीं होतीं; वह शहर का नाम भले ही रोशन न करें, लेकिन वह शहर को शहर बनाते हैं। शहर को रहने लायक शहर बनाते हैं। गण्यमान्य लोग तो शोभा बढ़ाते हैं, मगर ये नगण्य लोग ही शहर को जीवन्त बनाते हैं।

शहर का नाम रोशन करने के लिए अब ये यूपीएससी या पीसीएस की परीक्षा नहीं दे सकते। प्रशासनिक 'सेवा' में अपना कैरियर नहीं बना सकते। बना सकते, तो ये भी करते! मैं जानता हूँ, शहर का नाम रोशन करना इतना आसान नहीं है, जितना आसान किसी की जिन्दगी बचा लेना या किसी की जिन्दगी में तब्दीली ला देना है। सो, ये आसान काम ये आम लोग रोज कर रहे हैं।

मेरे प्यारे शहर! बस इतनी इल्तिजा है तुझसे! मुझे चाहे न क्षमा करना तुम्हारा नाम रोशन न कर पाने के लिए, मगर इन्हें कर देना! प्लीज!

बाबूजी कैसे होते हैं वे!

कस्बे में चाय की एक दुकान। कुल जमा इस वक्त तीन लोग हैं वहाँ। नहीं...नहीं चार लोग। एक पागल भी है वहाँ पर। दुकान से सटे हुए बैठा। चायवाले और उस पागल जिसे यहाँ के लोग 'पगलवा' कहते हैं, के गिनने के बाद बचे दो लोग। ये दोनों कविनुमा व्यक्ति हैं। जो अपने को आशुकवि कहते हैं। वे रोज आते हैं यहाँ। चाय पीते हैं और अपनी तुक एक-दूसरे से भिड़ाते हैं। जितनी देर बैठते उस दौरान चाय कम पीते कविता वगैरह ज्यादा करते। चाय वाला भी बुरा नहीं मानता। उसके अन्दर भी कविता के कीड़े प्रचुर मात्रा में पाए जाते हैं, भले ही सुषुप्त अवस्था में हों। जब-जब उनको अनुकूल माहौल मिलता, वे कुलबुला जाया करते हैं।

कवि सम्मेलनों का विकट प्रेमी है चायवाला। आसपास कहीं भी आयोजन हो, इसका रहना अनिवार्य है। आयोजक से लेकर संयोजक तक, श्रोता से लेकर कविगण तक सब जानते हैं इसे। कई बार अपनी दुकान तक बन्द कर चुका है कवि सम्मेलन सुनने के चक्कर में। जब ये दोनों तुक्कड़ कवि आते तो उसका कविता प्रेम भी जाग जाता। तो यह महाशय भी एक-दो पंक्ति, शब्द अपनी तरफ से 'भइया जी तनिक सुनिएगा!' कहते हुए जोड़ देते हैं।

बेंच पर बैठते ही एक कवि अखबार की सुर्खियों को जोर-जोर से सुनाने लगा—'राष्ट्रपति शासन की माँग!' 'शहर दंगे की आग में झुलसा!' च्च:च्च:च्च: चायवाले के मुँह से बरबस निकला। दूसरे कवि ने फौरन इस पर कहा, 'दंगा-

फसाद दोनों चले आ रहे हैं...' चायवाला दूसरे कवि को देखते हुए, जो उस वक्त अखबार पढ़ रहा था, से कहा, 'भइया अगली लाइन आप फिट करिए...' अखबार को नीचे रखकर चायवाले को देखते हुए वह बोला, 'रामधीन क्या चुनाव आ रहे हैं!' लगे हाथों पाठकों को यह बता दिया जाए कि यहाँ रामधीन चायवाले का नाम है। रामधीन दोनों पंक्तियों को जोड़ते हुए बोला, 'दंगा-फसाद दोनों चले आ रहे हैं/ रामधीन क्या चुनाव आ रहे हैं!'

थोड़ी देर तक वे एक-दूसरे का दाद देते रहे। फिर उनमें से एक कवि बोला—

मेरे शहर को रुलाया किसने
मेरे शहर को जलाया किसने
दुआओं में उठने वाले हाथों को
हथियार थमाया किसने
कल तक चलता था जो अपनी रवानगी में
उस शहर को सियासत का मोहरा बनाया किसने।

अब दूसरा कवि कहाँ चूकने वाला था, आखिर वह भी तो कवि था, वह बोला, 'मुस्लिम बँट गया, हिन्दू बँट गया/ इंसानियत का कद मगर घट गया' एक बार फिर! एक बार फिर! वाह! वाह! का सिलसिला थोड़ी देर तक चला। अब रामधीन के लिए भी सब्र करना मुश्किल था। उसका अन्दर का कवि विद्रोह करने पर उतारू हो चला था। रामधीन ने चिरौरी की, 'भइया अगर आज्ञा हो तो हमहूँ एक...' दोनों कवियों की तरफ से फौरन हरी झंडी दिखा दी गई। माहौल ही कुछ ऐसा बन पड़ा था।

रामधीन बोला, 'चढ़ लाशों के ढेर पर/ राजनीति करती ठाठ/ गले लगने वाले ही/ गला रहे हैं काट' इसके बाद रामधीन के शान में बोली जाने वाली स्वर-लहरियाँ दुकान में मचलने लगी। प्रशंसा पाकर रामधीन भी मचला, 'भइया एक और सुन लिया जाए! कृपा होगी!' उनमें से एक कवि आँखों की पुतलियाँ घुमाते हुए बोला, 'कविता ही सुनाते रहोगे कि चाय भी पिलाओगे!' 'चाय चढ़ा दी है भइया...' यह कहते हुए रामधीन अपनी जगह पर आकर अँगीठी पर चढ़े हुए भगौने का मुआयना

करने लगा। 'अरे यह पगलवा यहाँ क्या कर रहा है?' कवि बोला। 'अरे रामधीन इ पागल कैसे हुआ रे!' दूसरा कवि भी अनायास पूछ बैठा।

आज से पहले यह सवाल न कविगण ने पूछा था, न ही यहाँ आने वाले किसी ग्राहक ने। 'कहते हैं कि बहुत अच्छे परिवार से है...एक बार दंगे में इसका सारा परिवार मारा गया, तब से पागल हो गया। बेचारा!' रामधीन ने अपनी संवेदना प्रकट की। '...कुछ लोग दंगा करने के लिए पागल हो जाते हैं...' कवि ने साँस छोड़ते हुए कहा। दूसरे कवि ने एक ही साँस में कहा, 'और कुछ दंगे के बाद पागल हो जाते हैं...' 'पागल लोग ही दंगा करते हैं भइया जी...' रामधीन ने अपनी तरफ से बात जोड़ी। 'इसको भी चाय पिला देना भाई रामधीन!' 'जी भइया जी!' वैसे भी, रामधीन पागल पर तरस खाकर कुछ न कुछ खाने-पीने की चीजें दे दिया करता है। इसलिए वह पागल भी अपना काफी समय उसकी दुकान के इर्द-गिर्द ही बिताता था।

रामधीन उसे वर्षों से देख रहा था। अब तो एक अनजाना-सा रिश्ता-सा बन गया था। हवा के झोंके से अखबार के पन्ने फड़फड़ाए। दूसरे कवि महोदय का ध्यान अखबार की ओर गया। पढ़ने के लिए उसे उठा लिया। उचटी नजर मारी। पटककर धर दिया एक तरफ। दंगे की खबर से मन तो उचट ही गया था दोनों का। उधर अँगीठी पर रखा पानी खौलने लगा, इधर इनकी शिराओं में रक्त। गरम पानी की बुदबुदाहट स्पष्ट सुनी जा सकती थी। रक्त के खौलने के संकेत दोनों कवियों के चेहरे पर भी स्पष्ट पढ़े जा सकते थे।

रामधीन ने दोनों कवियों की तरफ देखा। माजरा समझते उसे देर न लगी। बोला, 'भइया कुछ और सुनाइए!' 'क्या सुनाएँ यार, वही साली रोज की खिटपिट... मार-काट...' 'दंगे पर कोई जोरदार कहानी लिख मारिए!' 'यहाँ भी मारिए!' अब दूसरा वाला कवि बोला, 'अबे हम कवि हैं कहानीकार नहीं।' 'यही तो चुनौती है...' चाय की पत्ती डालते हुए रामधीन ने कहा। दोनों कवि सोचने लगे। रामधीन उन्हें चुनौती देते हुए फिर बोला, 'आप दोनों में से कोई भी एक कहानी अभी के अभी सुनाए, तो सुबह की महीने भर की चाय मुफत पाए...' दोनों सोचने लगे। निस्सन्देह चुनौती बड़ी थी। चुनौती को पार करने पर मिलने वाला इनाम भी कम बड़ा नहीं था, इसमें भी कोई सन्देह नहीं था। थोड़ी देर बाद उनमें से एक कवि

बोला, 'तो सुनो रामधीन...एक कहानी सुनो—

छुट्टन रोज की तरह आज भी कारखाने समय से पहुँचा। आते ही काम पर जुट गया। मगर आज काम करने में उसका मन नहीं लग रहा था। तनिक भी नहीं। कारखाने के मालिक की प्रतीक्षा में उसके कान चिर-परिचित आहट सुनने को बेताब थे। उनके आने से पहले ही उसने बातों का एक क्रम मन में बना लिया था। मालिक ऐसा कहेंगे तो मैं ऐसा कहूँगा। वे ऐसा बोलेंगे तो मैं वैसा बोलूँगा। भट्टी के पास बैठा वह मन-ही-मन बोलने का अभ्यास कर रहा था कि मालिक के आने की आहट हुई। छुट्टन एक बार फिर मन-ही-मन पूरी तैयारी करने के बाद मालिक के पास पहुँचा।

'मालिक! छुट्टी चाहिए...' छुट्टन ने काँपती आवाज में कहा। कारखाने के मालिक ने अपनी नजरें ऊपर उठाईं। छुट्टन को देखा। छुट्टन की नजरें नीचे झुक गईं। गोकि वह कोई नाजायज माँग कर रहा हो। कारखाने का मालिक बोला, 'कोई छुट्टी-वुट्टी नहीं मिलेगी।' 'मालिक दो दिन से बच्चा बहुत बीमार है।' छुट्टन गिड़गिड़ाया। 'वह तुम्हारी घरवाली देख लेगी, तुम क्या करोगे जा के...' 'मालिक...वह अनपढ़-गँवार ...' 'हाँ, तू बहुत पढ़ा-लिखा है न...' कारखाने के मालिक ने बीच में उसकी बात काट दी। छुट्टन थोड़ी देर चुप रहा। उम्मीद थी कि मालिक अपनी तरफ से कुछ बोलेंगे। मगर ऐसा कुछ न हुआ। छुट्टन हिम्मत जुटाकर बोला, 'बच्चे को तीन दिन से दस्त लगा हुआ है...डाकडर को दिखाना ही पड़ेगा' यह कहकर वह जवाब की प्रतीक्षा करने लगा। मगर देर तक उसे कोई जवाब न मिला। 'मालिक...' छुट्टन अस्फुट स्वर में बोला। 'तू जानता नहीं क्या! आजकल कितना काम आया हुआ है, हम डिमांड पूरी नहीं कर पा रहे हैं। यहाँ साँस लेने की फुरसत नहीं और तुझे छुट्टी की पड़ी है...'

कारखाने का मालिक कागज पर कुछ गोदने लगा। छुट्टन वहीं खड़ा रहा। उसे रह-रह कर बच्चे को सीने से चिपकाए अपनी बीवी का मुरझाया चेहरा याद आने लगा। कितनी मुरादों के बाद कमली की गोद हरी हुई थी। कहाँ-कहाँ उसने मनौतियाँ नहीं मानी थी। और जब ऊपर वाले की दया से शादी के दस साल बाद माँ बनी तो खुशी से बावली हो गई थी। फिर बच्चे की सलामती के लिए कहाँ-कहाँ

मनौतियाँ नहीं माँगी थी! पगली! आज कारखाने को चलते बखत उसने कहा था, 'ऐ जी आज छुट्टी ले लेना, मुन्ना की हालत लगातार बिगड़ती जा रही है।' किसी अनिष्ट के भय से छुट्टन का दिल बैठ गया। वह एक बार फिर सारी हिम्मत जुटाकर बोला, 'मालिक एक ही बच्चा है, कल डाकडर को दिखाकर फौरन हम काम पर वापस आ जाएँगे।' इस बार कारखाने के मालिक का स्वर कुछ कड़क था। वह बोला, 'ऐसा है...हम तुम्हारी ही छुट्टी कर देते हैं..' इसके आगे छुट्टन एक शब्द न बोल पाया।

उसको यहाँ काम करते हुए अभी ज्यादा दिन नहीं बीते थे। यहाँ काम करते हुए बमुश्किल तीन महीने ही हुए होंगे। वह आकर भट्टी के पास बैठ गया, जहाँ लोहा गलाया जा रहा था। क्या बात है अचानक इतनी माँग कैसे बढ़ गई। वह सोचने लगा। कहाँ ले जाकर खपाएँगे! युद्ध छिड़ गया है क्या! पहले तो इतना काम नहीं था! अब तो काम इतना आ गया था कि पूरा दिन बिना बीड़ी पिये ही निकल जाता है! बढ़ती हुई माँग के सिरे को पकड़ने में छुट्टन अपने बच्चे और बीवी को कुछ देर के लिए भूल ही गया। वह उठा और लोहे को पीटते हुए अपने एक पुराने साथी जो वहाँ एक जमाने से काम कर रहा था, जुम्मन से पूछा, 'ऐ रे...आजकल डिमांड काहे बढ़ गई है!' 'इस मौसम में तो बढ़बे ही करता है!' जुम्मन लोहे को पीटते हुए लापरवाही से कहा। छुट्टन सोच में पड़ गया। कौन सा मौसम चल रहा है! जाड़ा! गरमी! बरसात! आग लगे! 'का बात है! खुल के बताओ न!...' छुट्टन बोला। 'उ आने वाला है न...' जुम्मन यंत्रवत् लोहे को पीटते हुए कहा।

छुट्टन के बर्दाश्त के अब बाहर था, 'कौन आने वाला है?' वह चीखा। जुम्मन सहम गया। लोहे को पीटना बन्द कर वह छुट्टन को भौचक देखने लगा। छुट्टन फिर चीखा, 'बताते काहे नाहीं ससुर...कौन आ रहा है?' 'चुनाव आ रहा है भई...' जुम्मन अचरज से बोला। अब छुट्टन को काटो तो खून नहीं। वह निष्प्राण वहीं खड़ा रहा। मन में न जाने कितनी बातें उमड़ने-घुमड़ने लगीं। अब क्या करे वो! किसे कहे! जितनी जल्दी हो सके, वो यहाँ से काम छोड़ देगा! पुलिस को बताए! पुलिस को बताएगा तो वह भी पकड़ा जाएगा! आखिर वह भी तो अवैध असलहा बनाने वाले कारखाने में काम करता है! थक-हार कर वह भट्टी के पास

आकर धम्म से बैठ गया। उसे बढ़ती हुई माँग को जल्द से जल्द पूरा करना था। लिहाजा वह भट्टी की आँच तेज करने लगा। आँच भभककर तेज होने लगी। आँच जैसे-जैसे तेज होती जा रही थी, वैसे-वैसे छुट्टन बुझता जा रहा था।'

कहानी खत्म हो चुकी थी। सब थोड़ी देर चुप रहे। फिर रामधीन ही बोला। वाचाल प्रवृत्ति का था भी वो। मुँहलगा भी। दूसरे कवि को चुनौती दी, 'भइया अब आपके मुँह से कहानी सुनी जाए...अगर बैठे-बैठे अभी का अभी सुना दिया तो सुबह की पकौड़ी भी मुफत...आज से ही...' थोड़ी देर रुकने के बाद फिर बोला, 'मगर एक शर्त और है...कहानी टक्कर की होनी चाहिए।' 'अरे यार, बिलकुल इसी कहानी के टक्कर की कहानी सुनाएँगे। न उन्नीस होगी न बीस...न सवाया न डेढ़ा...समझे कि नहीं!' दूसरे कवि के स्वर में आश्वस्ति की पुष्टि थी। रामधीन आँखें चमकाकर बोला, 'ऐसा हो ही नहीं सकता!' 'पहले सुन लो फिर फैसला सुनाना!' रामधीन चुप। जो कवि कहानी सुना चुका था, वो भी चुप। दोनों ही उत्सुक। दोनों दम साधे। 'मेरी कहानी में भी छुट्टन होगा, जुम्मन होगा, कारखाने का मालिक होगा, सारी स्थितियाँ-परिस्थितियाँ वही होंगी। संवाद भी हूबहू होंगे...' 'तब कहानी क्या घंटा नई होगी!' रामधीन तड़ककर बोला। 'सबर रखो तनिक! बस एक चीज बदली होगी मेरी कहानी में...' 'क्या?' सवाल खड़ा करके रामधीन उसके पास आकर बेंच पर बैठ गया। 'वह यह कि असलहा फैक्टरी की जगह शराब का कारखाना होगा। बस! इतनी सी ही फेरबदल...अब बोलो!' रामधीन कुछ नहीं बोला। उसने चाय के साथ पकौड़ियाँ भी लाकर उनके सामने रख दी। बिन कहे ही। किनारे बैठा इन लोगों की सारी बातें शुरुआत से ही जो सुन रहा था वह पागल, अब बोला—

'बाबूजी कैसे होते हैं वे...कैसे होते हैं दंगाई!
क्या तुमने कभी देखा उन्हें! कैसे दिखते हैं वे!
बड़े-बड़े नाखून या बड़े-बड़े बाल!
नुकीले दाँत या चपटी नाक!
आँखें काली या भूरी!
लम्बे या नाटे! गोरे या काले!
दुष्ट राक्षस जैसे होते हैं क्या!

बाबूजी कैसे होते हैं वे!

जैसे छुटपन की कहानियों में सुनते थे
होते हैं उनके दस सिर!
पैर कितने होते हैं! और हाथ कितने!
वे उड़ते हैं कि चलते हैं! वे रोते या हँसते हैं! वे सोते हैं कि जगते हैं!
क्या पहनते हैं वे! खादी या पालिस्टर! या रहते हैं नंगे!
किस धर्म को मानते हैं वे! मानते भी या नहीं!
आस्तिक हैं या नास्तिक! सन्देहवादी हैं या अस्तित्ववादी!
या कोई नया धर्म है उनका!
कहाँ रहते हैं वे!
घरों में या बाजारों में! जंगल में या पहाड़ों में! मैदानों में या मीनारों में!
अच्छा खाते क्या हैं वे!
रोटी-दाल या मांस पका! या फिर कच्चा ही!
पानी पीते हैं या रक्त! गर्म दूध या ठंडी शराब!
कौन सी भाषा बोलते हैं! लिखते और समझते हैं!
दंगे तक तो ठीक! दंगे से पहले और दंगे के बाद, क्या करते-धरते हैं!
कैसे होते हैं वे! कैसे दिखते हैं दंगाई!
तुम चुप क्यों हो! तुम काँपने क्यों लगे!
यहाँ से उठकर तुम जाने क्यों लगे!
बोलो न! बोलो न!
'कैसे होते हैं दंगाई! कैसे होते हैं दंगाई!'

पागल की इस अप्रत्याशित प्रतिक्रिया पर दोनों कवियों की बोलती बन्द हो गई और रामधीन का मुँह खुला का खुला रह गया। रामधीन जानता है कि वह पगलवा पागल होने के बाद आज पहली बार बोला। वह बोलता नहीं है, अलबत्ता वह रोता रहता है, बिना सिसकियों के...

क्रान्तिकारी

शहर के किसी नुक्कड़ पर मजदूरों के बीच युवक जोश में फैज की नज्म 'बोल के लब आजाद हैं तेरे!' गा रहा था। तलफ्फुज के तो क्या ही कहने! गाते वक्त उसके गले की फूली नसें दूर से ही साफ नजर आती थीं। साथ उसके मजदूर भी झूम रहे थे।

युवक ने टेक ली, 'बोल के लब आजाद हैं तेरे/ बोल जबाँ अब तक तेरी है' तभी एक दरोगा चार-पाँच सिपाहियों के साथ वहाँ आकर खड़ा हो गया।

युवक आगे की नज्म गाता है, 'बोल ती थत दिन्दा है अब तत/ बोल दो तुछ तहना है तह ले!'

यह सुनते ही मजदूर एक दूसरे को देखने लगे।

दरोगा कुछ पल को रुका फिर मुँह बनाते हुए अपनी टीम के साथ आगे बढ़ गया।

युवक ने टेक ली, 'बोल कि सच ज़िन्दा है अब तक/ बोल जो कुछ कहने है कह ले!'

यह सुनते ही मजदूरों ने फिर जोरदार ताली बजाई।

बढ़ती हुई शुभकामनाएँ

'सुबह ही मेरे पास खूब फूल आते हैं कि उन्हें रखने के लिए जगह कम पड़ जाती है...' उन्होंने बताया।

'कुछ मेरे पास भेजवा दिया करें सर!' मैंने सुझाव दिया।

'क्या करोगे फूल लेकर...उनमें खुशबू तो होती नहीं!'

'ये कौन से फूल हैं सर!'

मेरे सवाल को दरकिनार करते हुए वे बोले, 'यार, जब-तब इतनी शुभकामनाएँ मिलती हैं, मगर ये कब्ज ठीक ही नहीं होता।'

'सर क्या कह रहे हैं!' मुझे हँसी आई।

'अरे भाई सही बोल रहे हैं! सुबह-सुबह ही मोबाइल पर किलो भर फूल के साथ शुभकामनाएँ आ जाती हैं, मगर कमबख्त लगती ही नहीं...' पेट को सहलाते हुए वे बोले।

मैं मन-ही-मन यह तय करने लगा कि वाकई वे गम्भीर होकर कह रहे हैं या मजाकिया मूड में हैं।

'अब तो लगता है कि इससे अच्छा कोई मुझे गाली ही दे!' वे बोले।

'ऐसा क्यों कह रहे हैं सर!'

'क्यों नहीं कहें जी! शुभकामनाएँ जब अपना काम नहीं कर रहीं तो मैं क्या करूँ! जैसे ही मोबाइल पर शुभकामना टपकती है कसम से मूड ऑफ हो जाता है...'

'यह तो आप उलटी बात कर रहे हैं! फूल और शुभकामनाओं से आपका मूड ऑफ हो रहा है...', मुझे कुछ हैरत हुई।

'क्यों न हो! जब देखो तब ठेल देते हैं! आपके पास कहीं से कुछ आया तो आपने उसका बदला लेने के लिए उसे आगे ठेल दिया। जब हम परेशान हो रहे हैं तो ये भी हों! सारी शुभकमानाएँ दे मारो! शुभकामनाएँ ही 'फारवर्ड' हो रही हैं और स्याला हम पिछड़े जा रहे हैं!'

'नहीं, ऐसी बात नहीं है सर!' मैंने उन्हें रोका।

'जितने फूल और शुभकामना वाले सन्देश आते हैं न मेरे पास, उसका दस फीसदी भी अगर काम कर जाए तो लाइफ बन जाए!'

'माफ कीजिएगा सर, आप बहुत ही नकारात्मक किस्म के इनसान हैं!' न चाहते हुए भी मुझे यह कहना पड़ा।

'अच्छा जी! धन्यवाद! मेरी आँखें खोलने के लिए!' फिर वे बहुत नाटकीय अन्दाज में बोले, 'आज फारवर्डेड मैसेज को फारवर्ड करके हम सब एक-दूसरे के शुभचिन्तक हो रहे हैं!'

'मेरे कहने का वो मतलब नहीं था!' मैंने बात सँभालने की कोशिश की।

'अरे भाई! काहे का गुड मॉर्निंग...काहे का गुड इवनिंग और काहे का गुड नाइट...' वे कुछ पल को रुके फिर बोले, 'नेताओं को पब्लिक कितनी गाली देती है...देती है न!'

'जी इसमें क्या शक है!'

'फिर भी हर चुनाव में उनकी सम्पत्ति में कई गुना उछाल देखने को मिलता है! है कि नहीं!'

'हाँ, सच ही है...'

'इसका क्या मतलब हुआ!'

'आप ही बताएँ सर!'

'इसका सीधा सा मतलब है कि अब गाली भी नहीं लगती।'

मैं सोच में पड़ गया।

'दुआओं में बहुत असर होता है! क्यों!' वे बहुत धमक के साथ आगे बोले।

वे ब्रेक लेने के मूड में नहीं थे।

'इसमें क्या शक है! वो डॉक्टर कहते हैं न...अब इनको दवा नहीं दुआओं की जरूरत है!'

'एग्जैक्टली! मगर मैं कहता हूँ कि अब दुआओं को भी दवा की जरूरत है!'

'क्या बात कर रहे हैं सर!' हमेशा 'टू दी प्वॉइंट' बोलने वाले आज खुलकर बोल रहे थे।

'तुम्हारी दुआएँ, शुभकामनाएँ सब बीमार हो चुकी हैं!'

'अच्छा सर! बहुत नई बात बता रहे हैं आप! जब इतना कुछ बता चुके हैं तो कृपया यह भी बताइए कि इन्हें 'कौन-सी बीमारी हुई है!'

'हुई है नहीं, लगी है...' वे चीखे।

'ठीक है सर लगी होगी!' मैं तनिक घबराया।

'नहीं तो मेरे पास भेजी गई शुभकामनाएँ फलित क्यों नहीं होतीं!'

'कामना करना उनका काम है फल देना ऊपर वाले के हाथ! आप बाल की खाल निकाल रहे हैं सर...' इस बार मुझे गुस्सा आया।

'तो अपने हाथ-मुँह को क्यों थकाते हैं लोग...ऊपर वाले पर छोड़ें न!'

'औपचारिकता भी कोई चीज होती है न सर!'

'औपचारिकता...माई फुट! ये सब सगे बनने का ढोंग करते हैं!' ये कहते हुए उनकी एक आँख दब गई।

'हद है! आपको समझा पाना बहुत मुश्किल है सर!'

मेरी इस बात पर वे हँसे! खुलकर हँसे।

'आज शुभकामना ऐसी है लोगों की जैसे सिगरेट-तम्बाकू पर लिखी हुई चेतावनी...' वे आगे बोले, '...वास्तव में उन्हें केवल और केवल अपना मुनाफा देखना है, साथ में मानवीय होने का ढोंग भी करना है!'

मैंने गौर किया जब वे बोल रहे थे, तो मुझे बहुत गौर से देख रहे थे।

'अरे आप भी क्या बात करते हैं!' यह बात बिना किसी मकसद के मेरे द्वारा कही गई थी!

मैं उनकी कही हुई बात को सोच रहा हूँ...हम मुनाफे को आगे रखकर ही मानवीय बनते हैं! तो क्या शुभकामनाओं को भी दवा की जरूरत आन पड़ी है!

अब मैं यह भी सोच रहा हूँ कि नए साल की शुभकामनाएँ उन्हें दूँ या रहने दूँ!

कयामत

सब बैठे उसकी प्रतीक्षा कर रहे थे। उसके आते ही सबने समवेत स्वर में पूछा, 'क्या रहा!'

उसने उदास स्वर में कहा, 'नई तारीख मिली है!'

'फिर!'

'फिर क्या! चलो आराम करते हैं।'

यह सुनते ही एक-एक करके सारे अपनी-अपनी कब्र में वापस चले गए।

मुर्दों की जिज्ञासा

दो मुर्दे मस्त सोते हुए टाइम पास कर रहे थे कि तभी...

'का गुरू, ये क्या शोर है!' पहला मुर्दा बोला।

'नया स्टाफ होगा!' दूसरे मुर्दे ने दो टूक जवाब दिया।

मगर थोड़ी देर बात शोर बढ़ गया और साथ में हलचल भी...

'भइया डर लग रहा है! जमीन हिल रही!' पहला मुर्दा घबराकर बोला।

'का जेसीबी चलवा दे रहे हैं का!'

'काहे भइया!'

'बना रहा होगा कोई बिल्डिंग!' दूसरे मुर्दे ने कहा।

शोर नारों की शक्ल में उनके पास आ चुका था। जब तक वे दोनों कुछ समझते,उन्हें उनकी जमीन से उखाड़ लिया गया।

देखते ही देखते गगनभेदी नारों के बीच भीड़ उन्हें अपने सिर पर लादे अपने साथ लिये चलने लगी। दोनों मुर्दों ने डरते-डरते अपने आसपास का जायजा लिया। उन्होंने देखा कि एक मुर्गा 'ओय होय होय!' बोलता बदहवास भागा जा रहा।

'ये वही मुर्गा है का गुरू!' पहला मुर्दा धीरे से बोला।

'लग तो वही रहा है!' दूसरे मुर्दे ने मुर्गे को देखते हुए कहा।

यह सच है कि मुर्दे उसे पहली बार देख रहे थे। अगर मुर्गा अपना तकिया कलाम 'ओय होय होय' न बोलता, तो शायद उसे पहचानना मुश्किल होता!

दरअसल, पिछले कुछ दिनों से मुर्गे ने इसी कब्रिस्तान में शरण ले रखी थी। वह इन दोनों के पास छुपकर रहा करता था। और दिन-रात 'ओय होय होय' बोलते-बोलते ऊपर वाले से अपनी जान की सलामती के लिए प्रार्थना करता।

'का गुरू क्या हाल!' पहला मुर्दा मुर्गे से बोला।

'मत पूछो यारा! ओय होय होय...सोचा था कब्रिस्तान में महफूज रहूँगा! पर यहाँ भी अपनी जान पर बन आई!' मुर्गा भागते हुए बोला।

'पर हम तो मजे में हैं।' पहला मुर्दा बोल पड़ा।

'बहुत मजे से...अभी हमारी सैर हो रही!' दूसरा मुर्दा भी झट से बोल पड़ा।

यह सुनकर मुर्गा बस मुस्कुराकर रह गया।

'पता नहीं क्यों हमें ऐसा लग रहा है कि हममें नई जान-सी आ गई है!' पहला मुर्दा कुछ सोचते हुए बोला।

'जैसे जान फूँक दी हो!' पीछे-पीछे दूसरा मुर्दा भी बोला।

'ओय यारा! तुम दोनों बहुत भोले हो! अभी तो तुम्हारा मेकअप-सेकप करके ऐसा कर दिया जाएगा कि तुम बिलकुल जिन्दा दिखोगे! और तुम्हारे पीछे कितने मुर्दे बन जाएँगे!' मुर्गा हाँफते हुए बोला।

'क्या बक रहा है मुर्गे!' पहला मुर्दा गुस्से में बोला।

'पी रखी है क्या!' दूसरे मुर्दे ने शंका व्यक्त की।

'ओय होय होय...मैं क्या पीऊँगा यारा...'

इसी बीच भीड़ ने जोर से नारा लगाया और एक चौराहे पर रुक गई। यह वही चौराहा है, जहाँ चुनाव के समय हर राजनीतिक दल अपनी सभा करता है।

'शराब तो मेरी जान की दुश्मन है...ओय होय होय!' मुर्गे की आधी बात मुर्दों तक पहुँची ही नहीं।

इसी बीच एक आवाज आई, 'मुझे उठाओ! कोई मुझे भी उठाओ!'

दोनों मुर्दों ने इधर-उधर देखा। नीचे-ऊपर देखा। भीड़ की वजह से उन्हें देखने में अच्छी-खासी दिक्कत पेश आई, मगर फिर भी देखा। इस सबके बावजूद उन्हें कोई नहीं दीखा।

'ओय मुर्गे! कुछ सुना क्या!' पहले मुर्दे ने जोर से पूछा।

'अपनी मौत की आहट सुन रहा हूँ यारा! ओय होय होय!' मुर्गा हकलाते हुए बोला।

'मानो या न मानो! ई पक्का पियक्कड़ है!' दूसरे मुर्दे ने अपनी राय व्यक्त की।

'ए पगले! अभी सुना नहीं का रे! कोई कह रहा था कि कोई मुझे भी उठा ले!' पहला मुर्दा जोर लगाकर बोला।

'इसको उठाना बहुत जरूरी है यारा...मगर इसे कोई उठाएगा नहीं! यही देखते-देखते मेरी कई पीढ़ियाँ गुजर गईं! ओय होय होय!' मुर्गा बुरी तरह से थक चुका था। वह वहीं बैठकर अपने अन्दर नया दम भरने लगा।

'हंड्रेड परसेंट पियक्कड़ है!' दूसरे मुर्दे ने धीरे से पहले मुर्दे से कहा।

'तनिक ठहरो गुरू! जब जरूरी है तो कोई उठाता क्यों नहीं बे!' पहले मुर्दे ने अधीर होकर पूछा।

'उसको उठाया तो तुम दोनों को कौन पूछेगा! ओय होय होय!'

'सही कहे थे हम! ससुरा पियक्कड़ है!' दूसरा मुर्दा अपनी टेक पकड़े रहा।

'अबे बता बे!' पहले मुर्दे ने डपटा।

'अगर उसे उठा लिया तो लोकतंत्र चंगा होगा सी...'

'हाँ तो क्या दिक्कत है!' पहले मुर्दे ने समझने की कोशिश की।

'मगर बाकी सारे नंगे होंगे जी! ओय होय होय!' मुर्गा चौकन्ना होकर बोला।

भीड़ चौराहे से आगे बढ़ी। कुछ नए लोग उससे जुड़ चुके थे। नारे तेज हो चुके थे।

'अरे कोई मुझे भी उठाओ! कब से पड़ा हूँ!' फिर कातर स्वर में दूर से कोई आवाज आई।

'यह कौन है! और हमें दीखता क्यों नहीं!' पहला मुर्दा तड़पकर बोला।

'इतनी भीड़ को नहीं दीख रहा यारा तो तुम मरों को क्या दिखेगा! ओय होय होय! और यह न पूछ यारा कि ये कौन है! ये पूछ कि ये क्या है! ओय होय होय!' मुर्गा भागते हुए बोला।

वह रुकना चाहता था, मगर परिस्थितियाँ उसे ऐसा करने से मना कर रही थीं।

'हंड्रेड टेन परसेंट पियक्कड़ है!' दूसरे मुर्दे ने अपनी टेक नहीं छोड़ी।

'क्या है! किसको उठाना है!' पहले मुर्दे ने एक साँस में पूछा। 'और ये हमें कहाँ ले जा रहे!' साथ में एक नया सवाल भी जोड़ दिया।

'ओय मेरे प्रा...लेट मी गेस! उठाकर तुमको तो पहले स्टूडियो लेकर जाएँगे! अभी तो तुम लोग सिर आँखों पर रहोगे, बाद में चाहे सिरहाने रख दिए जाओ!'

मुर्गा कुछ देर चुप रहा फिर गम्भीर स्वर में बोला, 'और ये क्या है...मेरी गल ध्यान् से सुन...' अभी मुर्गा इसका कोई जवाब देता कि किसी हाथ ने उसकी गर्दन पकड़कर उसे उठा दिया। मुर्गा जोर से चीखा। फिर उसके मुँह से यह निकला, 'मु द द...आ'

'ये क्या!' पहले मुर्दे ने समझने की कोशिश की।

'ये पियक्कड़ नहीं है!' इस बार दूसरे मुर्दे ने भी अपनी टेक छोड़कर गम्भीर होकर समझने की कोशिश की।

मुर्गा इसके आगे कुछ न बोल पाया।

'तुम्हें देश का वास्ता, कोशिश कर बता दे!' पहला मुर्दा रुआँसा होकर बोला।

'तुम्हें लोकतंत्र का वास्ता यारा!' दूसरे मुर्दे ने मुर्गे की भाषा में ही कहा।

मुर्गे के बदन में अचानक जुम्बिश हुई। और वो 'मु द द ...आ' कहकर हमेशा के लिए शान्त हो गया।

'मुद्रा बोला है शायद!' दूसरे मुर्दे ने गेस किया।

'मुद्रा को कौन छोड़ता है! मुद्रा होती तो अब तक ये उठा चुके होते!' पहले मुर्दे ने दूसरे मुर्दे के विचार को एक सिरे से खारिज कर दिया। दूसरे मुर्दे ने सहमति में अपना सिर हिलाया।

दोनों मुर्दे सोच में पड़ गए। तिस पर मुर्गे के जाने का गम। दोनों ने एक-दूसरे को देखा। पर उन्हें कोई उत्तर नहीं मिला। काफी देर सोचने के बाद भी उन्हें कुछ न सूझा। मुर्गे द्वारा कहे गए आखिरी शब्द 'मु द द...आ' को समझने में दोनों ने अपनी पूरी जान लगा दी। मगर फिर भी समझ नहीं पा रहे थे।

भीड़ बढ़ती ही जा रही थी। नारे तेज होते ही जा रहे थे। भीड़ अब भगदड़ में बदलती जा रही थी। क्यों न इस भीड़ से ही पूछा जाए! यह खयाल आते ही मुर्दे सिहर गए। वे दोनों डरे हुए चुपचाप भीड़ के कन्धों पर लेटे हुए हैं।

इन मुर्दों की जिज्ञासा न जाने कब शान्त होगी! बेचारे!

कलाकार

मैं एक सभागार में हूँ। देख रहा हूँ कि एक शेर मंच की ओर बढ़ रहा है। उसे उसके लेखन हेतु पुरस्कार मिल रहा है। वह बहुत ठसक से मंच की ओर बढ़ रहा है। मुझे उम्मीद थी कि शेर है, तो सिंहावलोकन अवश्य करेगा। मगर वह नहीं करता है। अब शेर मंचासीन है। पुष्पगुच्छ, अंगवस्त्र, प्रतीक चिह्न, चेक वगैरह मिल जाने और फोटो उतर जाने के बाद संचालक शेर से दो शब्द बोलने का अनुरोध करता है। शेर माइक के पास आता है। अपना बड़ा-सा मुँह खोलता है और शेर के मुँह से निकलता है, म्याऊँ। सब ताली बजाने लगते हैं, मगर मेरी हँसी छूट जाती है। शेर लपककर मेरे पास आता है।

मुझसे कहता है, 'तुमने अभी मेरी दहाड़ नहीं सुनी!'

मैं हँसते हुए कहता हूँ, 'अभी सुनी न!' वह कुछ झेंपता है।

वह विनम्र बनने की कोशिश करता है और कहता है, 'तुम गलत समझ रहे हो! मैं मिमिक्री कर रहा था!'

मैं अपनी हँसी रोककर कहता हूँ, 'गलत तो तुम समझ रहे हो दोस्त! अब तक जो तुम कर रहे थे, दरअसल वह मिमिक्री थी।'

एक यात्रा आहत भावनाओं के देश में...

मैं एक अजनबी देश में हूँ। अभी-अभी मैंने यहाँ कदम रखा है। देश, इसकी महानता के बारे में काफी कुछ सुन रखा है मैंने। सुन-सुन कर मन में इसके प्रति एक अजब-सा आकर्षण पैदा हो गया था। शायद यही कारण है यहाँ आने का। जल्दी-जल्दी यहाँ के बारे में मैं सब कुछ जान लेना चाहता हूँ, क्योंकि बहुत मुश्किल से चार दिन की छुट्टी मिली है। निजी क्षेत्र की यह अपनी ही विशेषता है। आपको बताता चलूँ कि मैं जिस शहर में जाना चाहता था, वहाँ पर कर्फ्यू लगा हुआ है। यहाँ के लोग बताते हैं कि अचानक कुछ लोगों की भावनाएँ भड़क गई हैं। दो-चार लोगों की भावना को काबू में रखने के लिए धारा 144 लगानी पड़ी है। तो मजबूरन मुझे इस शहर में उतरना पड़ा। दोपहर हो चुकी है। यहाँ का मौसम, यहाँ के लोग अपने देश के जैसे रहन-सहन, खान-पान एक जैसा। लगता ही नहीं कि मैं किसी दूसरे देश में आया हूँ। काफी देर से कुछ खाया नहीं है। अब मुझे भूख लग आई है। आसपास नजरें दौड़ाता हूँ। एक बेकरी के दर्शन होते हैं। नाम पढ़ता हूँ, न्यू कंट्री बेकरी। रंग-बिरंगी, सजी-सँवरी। बड़ी बेकरी। अन्दर जाता हूँ। अन्दर आते ही यह खयाल आता है कि बहुत दिन हो गए पेटीज नहीं खाई। मैं फौरन पेटीज लाने का ऑर्डर प्लेस कर देता हूँ। कुछ पल में ही पेटीज मेरे सामने हाजिर कर दी गई। पहली बाइट लेते ही मेरा मूड खराब हो गया। जुबान कड़वी हो गई। उबकाई सी महसूस होने लगी। उस बाइट के साथ मैंने अपने गुस्से को भी घोंटा।

मैंने बेकरी वाले से बहुत प्यार से कहा, 'बासी पेटीज खिला दी बॉस!'

'पहले आप माफी माँगिए!'

'किस बात की!' मुझे बात समझ में न आई।

'आपने मेरी भावना आहत कर दी!' बेकरी वाला मुझे घूरते हुए बोला।

'मगर ऐसा मैंने क्या किया! क्या तुमने बासी पेटीज नहीं दी!' मैंने हिम्मत करके पूछा। अनजान देश में इतना साहस दिखाना भी ठीक नहीं! मन-ही-मन मैंने यह बात सोची भी।

'बेकार बात कर रहे हो! तुमने मेरे दो ग्राहक भगा दिए...' बेकरीवाला गुस्से से बोला।

मैं दबाव में आ गया। दो लोगों को जाते हुए मैंने भी देखा। अब वे कुछ खा-पी कर गए थे कि नहीं यह श्योर नहीं था।

'तो अब मैं क्या करूँ!' मैंने पूछा।

'तुम्हें चार पेटीज के पैसे देने होंगे!' बेकरी वाले ने फौरन उपाय भी बता दिया।

'दो ही ग्राहक तो भागे हैं, देखा जाए तो तीन पेटीज के पैसे होने चाहिए।' मैंने कायदे की बात की।

'तीन पेटीज के दाम तुम्हारे गलती के लिए...'

'और चौथी!' मुझसे रहा न गया और मैंने पूछ ही लिया।

'सीख के लिए।'

'कैसी सीख!' बात मुझे कुछ समझ में न आई।

'यही कि भावनाएँ कभी भी, कहीं भी आहत हो सकती हैं!' उसने मेरे लगेज पर नजर डालते हुए कहा। वह समझ गया था कि मैं एक टूरिस्ट हूँ।

तभी एक नए ग्राहक की आमद हुई। आते ही उसने पूछा, 'पेटीज ताजी हैं!'

'हंड्रेड परसेंट सर' बेकरीवाला फौरन मुस्कराकर बोला।

उसकी मुस्कुराहट ने मुझे बेजार ही नहीं बेकरार भी किया। और इतना किया कि वे वाले लफ्ज खुद-ब-खुद चले आए! बेगैरत, बेहया, बेहूदा, बेमुरव्वत, बेकार, बेकरी...उसके इस व्यवहार से मेरे खून में कुछ उबाल आया, मगर अनजान देश... अनजान लोग...अनजान नियम...यह सोचते ही खून का फ्लो सामान्य हो गया।

बिना खाए ही मैंने चार पेटीज के पूरे पैसे दिए।

इस एक घटना की वजह से आज का पूरा दिन खराब हो गया था। बना-बनाया सारा प्लान चौपट हो गया। मैंने वहाँ एक सस्ते से लॉज के बारे में पता किया और उस दिन खुद को उसमें कैद कर लिया। फिर न निकला।

अगली सुबह जब मैं निकला तो देखा कि गजब की भीड़ लगी हुई है। मैंने देखा कि जहाँ मजमा जमा है, वहाँ कचौड़ी की दुकान है। दुकान के ऊपर लगे बैनर से यह बात मैंने जानी। लोग कचौड़ी वाले पर चिल्ला रहे हैं। मुझे कुछ समझ में न आया। मैंने पास खड़े एक बुजुर्ग से जो कि लगातार खाँसे जा रहे थे, उनसे पूछा। उन्होंने मेरी बात एक सिरे से खारिज कर दी। मैंने देखा कि उन्हें खाँसी से जब विराम मिलता तो वह अपने समय और साँसों का सदुपयोग बीड़ी पीकर करते।

'चाचा क्या माजरा है!' मैंने जोर से पूछा।

चाचा जवाब तो तब देते जब उनकी खाँसी रुकती।

'बासी बेच रहा था क्या!' मैं अभी बेकरीवाले को भूला नहीं था।

चाचा ने जवाब के एवज में अपना सिर हिला दिया। जिसका आशय था कि नहीं।

'कम तौलता होगा!' मैंने गेस किया।

चाचा के हिलते सिर ने बता दिया कि इस बार भी मैं गलत हूँ।

'तेल गड़बड़ होगा!'

'नेचर ठीक न होगा!'

'गन्दगी रखता होगा!'

एक के बाद एक मैंने सम्भावनाओं की जो दरअसल सवाल ही थे, की झड़ी लगा दी।

'अरे नहीं भाई!' चाचा बीड़ी फेंकते हुए बोले। उन्हें फेंकना ही था क्योंकि इससे ज्यादा वह फिर अपनी उँगलियों को ही पीते!

'अखबार की वजह से सब हो रहा!' चाचा आगे बोले।

मैं चुपचाप चाचा का मुँह ताकता रहा।

चाचा समझ गए कि मैं कुछ न समझा।

चाचा आगे बोले, 'जिस अखबार में वह कचौड़ी बेच रहा था, उसमें ऊपर वाले का चित्र छपा है। जिससे लोगों की भावना आहत हो गई।'

'अरे बाप रे!' मैं घबराया। ताजा-ताजा आहत भावना का मैं शिकार बना था। फिर खुद को सँभालते हुए आखिर मैंने चाचा से पूछ ही लिया, 'आपको क्या लगता है चाचा! गलती किसकी है!'

'देखो! अब हमारा मुल्क उस मुकाम तक आ चुका है कि हमें तुम्हें क्या लगता है उससे अब कुछ फर्क नहीं पड़ता!'

चाचा मुझे अपने ही मुल्क का समझ रहे थे। मैंने भी उनको अपने बारे में बताना उचित नहीं समझा।

'फिर किस बात से फर्क पड़ता है!' मैंने पूछा।

'फर्क पड़ता है कि उन्हें क्या लगता है!' चाचा गम्भीर स्वर में बोले।

'किन्हें!' मैं बेसब्रों की तरह बोल दिया।

चाचा ने मुझे सिर से पाँव तक देखा। नई बीड़ी सुलगाई। और दूसरी ओर देखने लगे।

'जब आप इतना भी नहीं बता सकते तो इस देश का भगवान ही मालिक है!' मैंने चाचा को इमोशनल करने के लिए बोला। ताकि सच बाहर आ सके।

'सही कहा, मगर दास भी जोड़ लो!' चाचा बीड़ी का धुआँ उगलते हुए बोले।

'भगवान और दास' मैंने अपनी सामान्य बुद्धि लगाई।

'दोनों को मिला लो भई!' चाचा लापरवाही से बोले।

'भगवानदास!' मैंने दोनों शब्दों को मिलाकर बोला।

यह सुनते ही उनकी खाँसी शुरू हो गई। जो रुकने का हाल-फिलहाल नाम नहीं लेती दिख रही थी।

अब यह भी साफ दिख रहा था कि अब वे मुझसे बात करने में इंटरेस्टेड नहीं हैं।

अब तक काफी समय बीत चुका था। 'कल मिलता हूँ आप से!' कहकर मैं लॉज लौट आया। चाचा के द्वारा कहे 'उन्हें' को सोचते हुए।

लॉज आकर मैंने लॉज के मैनेजर से भगवानदास के बारे में पूछा तो उसने मुझे हँसते हुए बताया कि भगवानदास इस मुल्क के सबसे बड़े सेठ हैं। साथ में उसने गर्व से यह भी बताया कि एक अकेले के पास इतना धन है कि पूरा मुल्क खरीद ले।

'अच्छा, कमरे में बहुत सीलन है!' मैंने कमरे की स्थिति बताई।

'बरसात की वजह से सर!' उसने फौरन कारण बताया।

'अभी बरसात का सीजन कहाँ है! और जहाँ तक मैं जानता हूँ, हाल-फिलहाल बरसात भी नहीं हुई!'

'मगर है तो सीलन!'

'कैसे!'

'यह पिछली बरसात का सीलन है सर,' वह विनम्रता से बोला।

मुझे लगा कि इससे ज्यादा बात करना अब ठीक नहीं। क्या पता सचाई से पहले इनकी भावना की इंट्री हो जाए!

खाना खाने के बाद चाचा के 'उन्हें' के बारे में सोचते-सोचते कब नींद आ गई, पता न चला।

सुबह उठा तो देखा कि मेरे सामने मैनेजर और उसका सेवक खड़ा है। मैं भौचक रह गया। दोनों मेरे कमरे में कैसे घुस आए!

'कई बार डोर बेल बजाया...फोन की घंटी बजाई, दरवाजा खटखटाया, फिर भी आपने दरवाजा नहीं खोला तो हमें चिन्ता हुई, हमने दूसरी 'की' से आपका दरवाजा खोल लिया।' मैनेजर ने अपनी उपस्थिति के रहस्य से पर्दा उठाया।

'ये क्या बात हुई यार, जरा वेट कर लेते!' मैं गुस्से से बोला।

'सर एक बार घड़ी देख लीजिए!' मैनेजर बहुत प्यार से बोला।

मैंने बगल में रखी घड़ी पर नजर मारी। चार बज रहे थे। शाम के चार।

'सर ऐसे में हमारा वरी होना बनता है सर...आखिर धन्धे की बात है...'

'आखिर धन्धे की बात है...' वह न कहता तो मुझे अपने ऊपर शर्मिंदगी और मैनेजर से सहानुभूति होती!

'हैव अ गुड डे!' कहकर मैनेजर अपना दूसरा धन्धा सँभालने वापस चला गया।

जाते-जाते सेवक ने एक बात कही। 'सर जी आप नींद में बड़बड़ा रहे थे!'

'क्या!'

'उन्हें-उन्हें, किन्हें-किन्हें बोल रहे थे!' सेवक ने उत्साह से बताया।

उफ! यह चाचा का 'उन्हें' न! इस बार मैंने जागते हुए बोला। इधर तो लॉज के बाहर जाकर दिन खराब होता था, आज तो लॉज में ही पूरा दिन खराब हो गया। आज के पूरे अरमान धरे के धरे रह गए। चाय और सैंडविच का ऑर्डर देकर मैं नित्य कर्म हेतु बाथरूम में घुस गया।

शाम को मैं नीचे मैनेजर के पास पहुँचा। देखा कि वह टोपी लगाए एक व्यक्ति से कुछ अजब ढंग से बात कर रहा। उन दोनों की बातें थोड़ी देर सुनने के बाद मैं यह समझ गया कि वह व्यक्ति मैनेजर से विजिटर रजिस्टर में किसी का नाम जुड़वाना चाहता था। मुझे पूरी तरह से इग्नोर करते हुए उन दोनों ने अपना-अपना मोर्चा सँभाल रखा था। उस व्यक्ति ने पाँच सौ का नोट बढ़ाया। यह देखते ही मैनेजर भड़क गया।

'आपने मेरी भावना आहत की है!'

'माफ कीजिए! गलती हो गई! मेरा यह इरादा कतई नहीं था...मैं आपको रिश्वत नहीं दे रहा हूँ...' व्यक्ति ने शालीनता से कहा।

'तुमने मेरे काम की इतनी कम वैल्यू लगाई...कम-से-कम दो हजार तो देते!' मैनेजर ने अपनी भावना आहत होने का कारण बताया।

'एज यू विश' कहकर उस व्यक्ति ने पाँच पाँच सौ के चार नोट मैनेजर की ओर बढ़ा दिए। नोट रखते हुए मुझे देख मैनेजर मुस्कुराया।

यह सब देखने के बाद कुछ ही पल में मेरी भावनाओं ने मुझे मेरे कमरे में ला पटका।

अगले दिन मैंने तय किया कि पहले तो इस इलाके से दूर कहीं निकला जाए। सो, लॉज से बाहर निकलते ही मैंने एक मोटरसाइकिल वाले से लिफ्ट माँगी। मैंने उससे कहा कि प्रेम पथ छोड़ दे। लॉज के मैनेजर ने इसके बारे में कल ही बताया था। साथ में यह भी बताया था कि यह उसके देश की नई पहचान है।

मोटरसाइकिल वाले ने पहले मेरा नाम पूछा। नाम सुनकर उसने मुझे लिफ्ट दे दी। मैंने देखा कि वह कचौड़ी की दुकान बन्द है। पता नहीं उसका क्या हुआ होगा। मेरी नजर बीड़ी वाले चाचा को भी ढूँढ़ रही थी, मगर वह मुझे आसपास कहीं नजर नहीं आए।

'इस देश के लोग बहुत भावुक हैं! भावुक होने के लिए अक्ल नहीं लगाते हैं क्या!' मोटरसाइकिल पर बैठने के बाद मैंने बातचीत की शुरआत की। मोटरसाइकिल वाला कुछ न बोला। शायद शोर-शराबे के कारण उसने मुझे सुना नहीं। मैंने उसका नाम पूछा। उसने अपना नाम बताया। जिसका मतलब वहाँ की भाषा में अमृत होता है। मोटरसाइकिल पर बैठे मैं लोगों को निहार रहा था। मैंने देखा,सब पेट की आग बुझाने के लिए भाग रहे थे। इन्हें किसी बात की फुर्सत ही कहाँ! फिर आग कौन लगाता है! यह सब कुछ सोच ही रहा था कि मोटरसाइकिल एक पुलिया पर पहुँची थी कि मोटरसाइकिल वाले को उसकी रफ्तार पर ब्रेक लगानी पड़ी। पता चला कि गाड़ियों की चेकिंग चल रही है।

'इस देश में गाड़ियों की चेकिंग बोरियत भगाने का एक बेहतर जरिया है।' मोटरसाइकिल वाले ने बताया।

'लाइसेंस!' तभी इंस्पेक्टर बोला।

मोटरसाइकिल वाहक लाइसेंस धारक निकला। उसने दिखाया।

'आर सी!' इंस्पेक्टर बोला।

मोटरसाइकिल वाहक आर सी धारक निकला। उसने दिखाया।

'पॉल्यूशन!'

उसने यह कागज भी दिखाया।

इंस्पेक्टर ने यह कागज न देखकर उसके हेलमेट को देखा और बोला, 'निकालो हजार रुपये!'

'किस बात के सर' मोटरसाइकिल वाले ने पूछा।

'कागज पूरे रखकर भावना आहत करने के जुर्म में!' इंस्पेक्टर गुस्से से बोला।

'मान लीजिए अगर कोई कागज कम होता तब!' मैंने हिम्मत करके बीच में पूछ लिया।

इंस्पेक्टर ने एक नजर मुझे देखा और हँसते हुए बोला, 'तब पाँच सौ में छूट जाते!'

अब मेरे लिए असहनीय था। दो-तीन दिन से यह सब देखते-देखते पक गया था। यहाँ तो पूरे कुएँ में भाँग पड़ी हुई है! गजब का भावना आहत प्रधान देश है यार! खुद को आहत करवा-करवा करके सब एक-दूसरे का गला काटे जा रहे हैं! कई बार तो यूँ लगा कि आहत होने का फैशन चला है इन दिनों! भावना आहत करवाने में कहीं हम किसी से पीछे न रह जाएँ! वरना लोग क्या कहेंगे!

मोटरसाइकिल वाले को थैंक्यू बोलकर मैं वहीं पर उतर गया। उलटे पाँव लॉज आया। तत्काल समान पैक किया। बिल क्लियर किया और अपने वतन वापस आ गया।

अब जब मैं अपने वतन सकुशल वापस आ गया हूँ, तो वहाँ से अपने साथ एक कसक भी लाया हूँ। बीड़ी वाले चाचा से दुबारा मुलाकात न हो पाने की।

अगर चाचा दुबारा मिलते तो मैं किसी भी तरह से उनसे 'उन्हें' के बारे में जरूर जान लेता...

और पूछता कि छोटी-छोटी बात पर आहत होने वाले मुल्क में आखिर कौन लोग हैं, मुल्क जलने से भी जिनकी भावनाएँ आहत नहीं होतीं!

लॉ और ऑर्डर

लॉ और ऑर्डर बैठे टीवी देख रहे हैं। दोनों अक्सर टीवी देखते हुए पाए जाते हैं। इन्हें न्यूज एंकर से ही पता चलता कि उन्हें क्या करना है। तो इस वक्त भी दोनों टीवी देख रहे हैं।

'कानून सबके लिए बराबर है!' कैमरों से घिरा, खच! खच! फोटो खिंचवाता एक बड़ा नेता बोलता है।

'सुन लिए गुरू!' लॉ बोला।

'बरसों से सुन रहे हैं! कानून छाँट रहे हैं!' ऑर्डर ने जवाब दिया।

'अगर कानून सबके लिए बराबर होता, तो सबसे पहले ये नेताजी ही गिरफ्तार होते!' लॉ गुस्से से बोला।

'काहे बे!' ऑर्डर ने चौंकते हुए पूछा।

'अफवाह फैलाने के जुर्म में! अउर का!' लॉ ने जवाब दिया।

लाशों की बहती कहानियाँ

कोरोना की लहर की तरह पानी की एक लहर आई और नदी किनारे लाशें ही लाशें दिखने लगीं। ऐसा लगा कि रेतीली भूमि में लाशें उग आई हों! ये उन्हीं लाशों की कहानियाँ हैं...

1

'तू कैसे!' एक लाश ने पूछा।

'तू जैसे!' दूसरी लाश ने जवाब दिया।

'मैंने अस्पताल में दम तोड़ा!'

'और मैंने अस्पताल पहुँचने से पहले!'

'मेरी ऑक्सीजन खत्म हो गई थी!'

'और मुझे ऑक्सीजन नहीं मिली!'

2

'बस, मुझे एक बात का मलाल है!'

'मुझे भी!'

'मैंने गलत वोट कर दिया!'

'मैं अब वोट नहीं कर सकती!'

3

पहली लाश ने कुछ सोचते हुए धीरे से कहा, 'लाश बनने से पहले एक बात तो जरूर सोचनी चाहिए!'

'अगर सोचें तो लाश ही क्यों बनें!' दूसरी लाश तपाक से बोल उठी।

4

'हम क्या हैं!' दूसरी लाश ने पूछा।

'अब भी कोई शक है!' पहली लाश ने जवाब दिया।

'हाँ! शक है!'

'अब हम लाश हैं!'

'और पहले क्या थे!'

'पहले हम लाश नहीं थे! कम-से-कम मैं तो नहीं था!'

'तुम यह कैसे कह सकते हो!'

'जीते जी भला कोई लाश कैसे बन सकता है!'

'चुप रह कर!'

'मैं बोलता था!'

'क्या!'

'गोली मारो सालों को!

'यह तो गाली हुई!'

'क्या फर्क पड़ता है!'

'बहुत फर्क पड़ता है!'

'भाषा का ही तो अन्तर है!'

'संस्कार को भूल गए!'

'डर के आगे संस्कार काम नहीं आता!'

'कैसा डर!'

'जीते जी अपने अन्तिम संस्कार का डर!'

'किनसे डर!'

'गद्दारों से!'

'जीते जी न देख सके तो अब देख लो!'

'क्या!'

'डराने वाले कहाँ हैं और डरने वाले कहाँ!'

यह सुनते ही पहली लाश चुप हो गई।

5

'तुम कैसे मरे!'

दूसरी लाश ने कोई जवाब नहीं दिया।

'डॉक्टर ने मारा, दवाई ने मारा, किसने मारा!'

दूसरी लाश चुप रही।

'पैसे नहीं थे!'

लाश कुछ न बोली।

'जानता है! सरकार कहती है कि ऑक्सीजन की कमी से कोई मौत नहीं हुई!'

दूसरी लाश अब भी कुछ न बोली।

'अब तो बोल दे! अब काहे का डर है!'

दूसरी लाश फूट-फूट कर रोने लगी।

6

'मरने से पहले क्या करते थे!'

'नारे लगाता था!'

'किसके!'

'मत पूछ! और मरने से पहले तुम क्या करते थे!'

'पूजता था!'

'किसको!'

'मत पूछ!'

कुछ देर शान्त रहने के बाद दोनों लाशें एक साथ बोल उठीं, 'अच्छा, तुम भी!'

दोनों लाशें साथ-साथ मुस्कराईं।

'अच्छा, तू बकरे की आवाज निकाल!'

'और चल तू भेड़ की!'

दोनों लाशें जोर-जोर से हँसने लगीं।

7

'कोरोना तो एक बहाना है! मुझे तो ऐसा लगता है कि माँ गंगे ने हमें बुलाया है!'

'अब राजनीतिक बातें नहीं!'

'इसमें राजनीति कहाँ से आ गई! और अब मैं लाश हूँ, तो राजनीति क्यों करूँगा!'

'लाश करे न करे, मगर लाशों पर राजनीति यहाँ खूब होती है!'

'वो सब छोड़! तू यह बता कि गंगा मैया हमें क्यों नहीं बुलाने वाली!'

'हमें क्यों बुलाने लगीं! जब हमारे अपने ही इस हाल में हमें यहाँ पहुँचा दे रहे हैं!'

8

'सन्तोष हुआ !'

'किस बात का!'

'हमारा तुम्हारा धरम एक ही है!'

'अब इस बात का क्या मतलब!'

'तभी तो हम दोनों साथ-साथ हैं!'

'फिर तो मुझे भी सन्तोष हुआ!'

'किस बात की!'

'हम आसपास हैं, साथ-साथ नहीं!'

9

'अच्छा, हमें मोक्ष मिलेगा कि नहीं!'

'ऐसा क्यों सोचते हो!'

'आग नहीं मिली न!'

'लकड़ी बहुत महँगी थी!'

'आग लगाने वाला कभी नहीं सोचता कि एक दिन उसे भी आग दी जाएगी!'

'मगर आपदा को अवसर मानने वाले यह बात भूल जाते हैं!'

'एक मिनट! तुम किसकी बात कर रहे हो!'

'मुनाफाखोरों की!'

'ओह!'

'तुम क्या समझे! मैं किसकी बात कर रहा था! '

'आदमखोरों की!'

10

'गजब हाल है अपना! जीते जी उल्लू बनो और मरने के बाद लाश!' लाश पानी में बहती-बहती बोली।

'मेरा क्या अलग है!' दूसरी लाश भी पानी में बहती-बहती बोली।

'मैं अपने घर का इकलौता कमाने वाला था!'

'और मैं अपने घर का इकलौता था!'

थोड़ी देर तक दोनों लाशें चुपचाप बहती रहीं।

'क्या यह सच है कि आदमी के शरीर में साठ प्रतिशत पानी होता है!' लाश ने दूसरी लाश से पूछा।

'हाँ सच है! विज्ञान तो यही कहता है!' दूसरी लाश ने उसकी जिज्ञासा शान्त की।

'इतना पानी होने के बाद भी, फिर आँखों का पानी कहाँ चला जाता है!'

दूसरी लाश अभी कुछ कहती कि उसने महसूस किया कि नदी का जल स्तर सहसा बढ़ गया है!